河出文庫

論語物語

下村湖人

河出書房新社

序文

論語は「天の書」であると共に「地の書」である。孔子は一生こつこつと地上を歩きながら、天の言葉を語るようになった人である。天の言葉は語ったが、彼には神秘もなければ、奇蹟もなかった。いわば、地の声を以て天の言葉を語った人なのである。

彼の門人達も、彼にならって天の言葉を語ろうとした。しかし彼等の多くは結局地の言葉しか語ることが出来なかった。中には天の響を以て地の言葉を語ろうとする虚偽をすら敢てする者があった。そこに彼等の弱さがある。そしてこの弱さは、人間が共通に持つ弱さである。吾々は孔子の天の言葉によって教えられると共に、彼等の地の言葉によって反省させられるところが非常に多い。

こうした論語の中の言葉を、読過の際の感激にまかせて、それぞれに小さな物語に仕立てて見たいというのが本書の意図である。無論、孔子の天の言葉の持つ意味を、誤りなく伝えることは、地臭の強い私にとっては不可能である。しかし、門人達の言葉を掘りかえして、そこに私自身の弱さや醜さを見出すことは、必ずしも不可能ではなかろうと思う。

この物語において、孔子の門人達は二千数百年前の中国人としてよりも、吾々の周囲にざらに見出しうる普通の人間として描かれている。そのために、史上の人物としての彼等の性格は、ひどく歪められ、傷つけられていることであろう。この点、私は過去の求道者達に対して、深く深くおわびをしなければならない。

しかし、論語が歴史でなくて、心の書であり、人類の胸に、時処を超越して生かさるべきものであるならば、吾々が、それを現代人の意識を以て読み、現代人の心理を以て解剖し、そして吾々自身の姿をその中に見出そうと努めることは、必ずしも論語そのものに対する冒瀆ではなかろうと信ずる。

論語四百九十九章中、本書に引用したものが百三十章である。しかし、これらの章句が、如何なる時に、如何なる処で、如何なる事情の下に発せられた言葉であるかを、正確に伝えることは、全然本書の意図するところではない。本書では、ある章句を中心にして物語を構成しつつ、意味の上でその物語中に引用するに適したと思われるような章句は、何の考証もなしに、これを引用することにした。従って、考証的な詮索が本書に対してなされることは、全く無意味である。

尚、物語相互の間に内容的な連絡はない。従ってその排列についても何等一定の標準がない。それぞれの物語は、それぞれに独立して読まるべきである。

孔子は、門人を呼ぶに、名を呼んで決して字を呼ばない（例えば子貢を賜と呼び、子路を由と呼ぶが如く）。しかし本書においては、そうした事すら厳密に守られていない。その他起居動作の習慣等について、二千数百年前の中国を知る人の眼から見たら、慊らない節々が多分にあるであろう。著者は、しかし、一々それらの事を意に介しない。著者はただ「心」を描けばよかったのである。史上の人物の心でなく、著者自身と、著者の周囲に住む普通の人間との「心」を描けばよかったのである。

昭和十三年十二月二日校正を終えて

著者

改版序

論語が一般に読まれなくなってから、すでに久しいものである。私は明治の末期に近く学生生活を終ったものであるが、その当時の学生でさえ、専門の研究者以外に、自ら進んで論語に親しもうとするものは、ほとんど皆無に近い状態であった。その後の状態はおして知るべきであり、今日では、論語という古典の存在さえ忘れている人も、おそらく珍らしくはないであろう。

明治以前はもとより、明治になってからも、その中葉ごろまでは、国民教養第一の書とさえいわれていた論語が、かくも急速に若い人たちに対する魅力を失ったのは、無論時代の影響である。つまり東洋より西洋への時代のあえぎが、若い人たちに東洋古典を味読(みどく)する余裕を与えなかったのである。このことは、日本の文化的視野の拡大のために、やむを得ないことであったかも知れない。しかし、文化の健全な進歩を希う立場からは、必ずしも喜ぶべきことではなかった。というのは、真に健全な文化の進歩は、単なる「衣更え」によって成就さるべきではなく、古き生命の内からの生長による「脱皮」によってこそ成就さるべきものだからである。

私は、そうした意味で、もう一度論語を国民の手にとりもどし、よかれあしかれ、永い間日本の政治や社会生活の基調をなしていた精神の姿が、果してどういうものであったかを知ってもらいたいと願って来た一人である。そしてその願いの一つの具体化が即ち本書なのである。

本書をはじめて公けにしたのは昭和十三年の暮であった。講談社本がそれである。その後しばしば版を重ね、戦後には角川文庫本として専ら世に行われて来た。今回更に池田書店のもとめに応じ、「人生叢書」の一冊として世におくることになったが、この機会に、全文を新カナに改め、同時に二三の箇所に改訂を加えることにした。本書の内容その他については、初版序にくわしいので更めて述べない。ただ念のためつけ加えておきたいのは、各篇のはじめにかかげた論語の章句は、それぞれの物語を構成する骨格をなすものであり、末尾にかかげた章句は、物語の進行中に点出（てんしゅつ）された対話や説明の出所を示すものであるということである。

昭和二十九年一月十四日改版の校正を終えて

著者

目次

論語物語

論語物語

富める子貢

子貢曰く、貧にして諂うことなく、富みて驕ることなくんば如何と。子曰く、可なり、未だ貧にして楽み、富みて礼を好む者に若かざるなりと。子貢曰く、詩に云う、切するが如く、磋するが如く、琢するが如く、磨するが如しとは、其れ斯れを之れ謂うかと。子曰く、賜や、始めて与に詩を言うべきのみ。諸れに往を告げて、来を知る者なりと。

——学而篇——

子貢は、その日、大きく胸を張って、腹の底まで朝の大気を吸いこみながら、ゆったりと、大股に歩いていた。彼は、このごろ、いい役目にありついて、日ましに金廻りのよくなって行く自分のことを考えて、身も心もおのずと伸びやかになるのであった。

（先生[*1]は、顔回の米櫃の空なのを、いつも讃められる。そして、天命をまたないで人為的に富を積むのを、あまり快く思っていられないらしい。しかし、腕のある人が、正しい道をふんで富を積むのが、何で悪かろう。自分に云わせると、貧乏はそれ自体悪で、富裕は善だ。第一、金に屈托がないと、楽々と学問に専念することが出来る。それに、何よりいい事は、誰の前に出ても、平生通りの気持で応対が出来ることだ。貧乏でいたころは、どうもそうは行かなかったようだ。）

彼は、数年前までの、苦しかった時代のことを思い出して、何度も首を横にふった。

（あの頃は、貴人や長者の前に出ると、変にぎごちなく振舞ったものだ。むろんそれは、自分の貧乏ッたらしい姿を恥じたからではない。そんな事を恥じるほど弱い自分でもなかったようだ。その点では、子路にだって負けないだけの自信を、自分もたしかに持っていた。ただ、自分は、少しでも相手に媚びると思われたくなかったのだ。貧乏は仕方がないとして、そのために物欲しそうな顔付をしているように見られたら、それこそおしまいだし、かといって、礼を失するような傲慢な真似も出来ないので、つい物腰がぎごちなくならざるを得なかったのだ。今から考えると不思議のようだが、貧乏という事実がそうさせたのだから仕方がない。やはり貧乏はしたくないものだ。）

（それにしても――。）

と、彼は急に昂然と左右を見まわしながら、心の中でつぶやいた。

（とにかく自分は何人にもへつらわなかったことだけは、まぎれのない事実だ。この点で自分は貧困に処する道を誤らなかったと公言しても差支えあるまい。先生だって、恐らくそれを許して下さるだろう。）

彼はいつの間にか、孔子の家のすぐ近くまで来ていた。

見ると、門の外に、三人の若い孔子の門人たちが、うやうやしい姿勢をして立っている。彼等は、丁度門をくぐろうとしていたところに、子貢の姿を認めたので、わざわざ歩みをとどめて、彼を待っていたものらしい。三人とも、数年前の子貢と同じように、ごく貧乏な人たちばかりである。

三人は、子貢が彼等のまえ二間（約三・六メートル）ほどのところに近づくと、弟子の礼をとって、いともいんぎんにお辞儀をした。子貢も、殆どそれに劣らないほどの丁寧さで彼等にお辞儀をかえした。そしてほんの数秒間、途を譲りあったあと、先輩順に門をくぐることにした。子貢がその中の大先輩であったことはいうまでもない。

門をくぐり終えて子貢は考えた。

（先生[*2]はかつて、貧乏で怨まないことと、富んで驕らないこととでは、貧乏で怨まないことの方が難かしいと云われたが、必ずしもそうとは限らない。富んで驕らないことの方が却ってむずかしいとも云えるのだ。だが、いずれにしても自分は大丈夫だ。現にたった今も富んで驕らないことを事実に示すことが出来たのだから。）

堂に上った時の彼の顔は、太陽のように輝いていた。彼は、自分ながら、自分の顔をまぶしく感ずるくらいであった。そして、みんなの集るいつものうす暗い室にはいると、多くの弟子たちの顔が、青白い星のように、ちらちらと彼の眼の下にゆれていた。しかし、彼は、孔子が未知の世界そのもののように、端然と正面に腰をおろしているのを見ると、少しあわて気味に、型どおり挨拶をすまして、自分の席についた。

彼のあとについてはいって来た三人も、隅っこの方に、それぞれ自分達の席を定めた。

前からのつづきらしい礼の話が、それから一しきりはずんだ。今日は、ごく自由な座談会めいた集りだったためか、孔子は別にまとまった話をしなかった。むしろ、みんなの云うことに聴き入っているという風であった。しかし、誰かの言葉に少しでも上ずったところや、間違ったところがあると、孔子は決してそのままには聞き流さなかった。彼の批判はいつも厳しかった。その厳しさは、しかし、ふんわりと彼の愛を以て包まれていた。

子貢は、言論にかけては、孔門第一の人であったが、今日は不思議にも沈黙を守っていた。第一彼は、人々の話をあまり注意して聴いてはいなかった。彼の心は、今日途々考えて来たことを、うまい言葉で披瀝して見たい考えで一ぱいだったのである。

「子貢は珍しく黙っているようじゃな。」

孔子が、とうとう彼を顧みて云った。

子貢は虚をつかれて、一寸たじろいたが、すぐ、この機を逸してはならないと思った。彼はこれまで、自分の意見に少しでも不安なところがあると、先ず孔子一人だけの時にそれを述べて、批判を乞うことにしていた。それは、多くの門人たちに、自分のつまらぬところを見せたくなかったからである。しかし、今日の彼は、十分自信にみちていた。自分の考えは実行に裏付けられているという誇があった。孔子の助言なしに完成した自分の意見を、孔子をはじめ沢山の門人たちに聴いてもらう愉快さを思って、彼は内心得意にならないではいられなかった。彼はそれでも、

「私は、只今の皆さんのお話が一応すみました上で、少し別のことについて、先生のお考えを承りたいと存じておりますので……」

と、自分を制しながら答えた。

「そうか。……なに、もうそろそろ話題をかえてもいい頃だろう。」

子貢は嬉しかった。彼は、しかし、すぐには口を切らなかった。得意になっている様子を人々に見せてはならない、と思ったからだ。

「一たい、君の問題というのは、何かね。」

孔子は、もう一度彼をうながした。そこで子貢は立上って、彼一流の爽やかな口調で云った。

「私は、このごろ、貧富に処する道について、多少考えもし、体験も積んで来たつもりでありますが、貧にしてへつらわず富んで驕らないというのが、その極致で、

それが実践出来れば、その方面にかけては、先ず人として完全に近いものではないかと存じます。」

「いや、それこそさっきからの話の礼と密接な関係をもった問題じゃ。……で、君にはそれが実践出来たというのか。」

「それは、先生はじめ皆さんの御判断にお任せいたします。」

子貢は、しかし、自信たっぷりな面持だった。そして、さっき彼と一緒に門に入って来た三人の青年に、そっと視線を向けた。

「なるほど、貧富共に体験をつんだという点では、君は第一人者じゃな。」

子貢の耳には、孔子のこの言葉は、一寸皮肉に聞えた。しかし、孔子がみだりに皮肉を云う人でないことを、彼はよく知っていたので、次の瞬間には、それを自分が讃められる前提であると解した。

「君が、貧にしてへつらわなかったことも、富んで驕らないことも、わしはよく知っている。」

そう云った孔子の口調は妙に重々しかった。子貢は、讃められると同時に、擲りつけられたような気がした。

「それでいい。それでいいのじゃ。」

孔子の言葉つきはますます厳粛だった。子貢は、もうすっかり叱られているような気になってしまった。

「だが――」と孔子は語をつづけた。

「君にとっては、貧乏はたしかに一つの大きな災いだったね。」

子貢は返事に窮した。貧乏はそれ自体悪だ」とさえ考えて来たのであるが、孔子に真正面からそんな問いをかけられると、妙に自分の考えどおりを述べることが出来なくなった。

「君は、貧乏なころは、人にへつらうまいとして随分骨を折っていたようじゃな。そして、今では人に驕るまいとして、かなり気を使っている。」

「そうです。そして自分だけでは、そのいずれにも成功していると信じていますが……。」

「たしかに成功している。それはさっきも云った通りじゃ。しかし、へつらうまい驕るまいと気を使うのは、まだ君の心のどこかに、へつらう心や驕る心が残っているからではあるまいかの。」

子貢(しこう)は、その明敏な頭脳に、研(と)ぎすました刃(やいば)を刺しこまれたような気がした。孔子はたたみかけて云った。

「むろん、君の云うような道を悪いとは云わない。しかし、それはまだ最高の道ではないのじゃ。貧富に処する最高の道は、結局貧富を超越するところにある。君がへつらうまいとか驕(おご)るまいとか苦心するのも、つまりは貧富を気にし過ぎるからのことじゃ。貧富を気にし過ぎると、自然それによって、他人と自分とを比べて見たくなる。比べた結果がへつらい心や驕(おご)り心を生み出す。そこで、それを征服するために苦心しなければならない、ということになるのじゃ。」

子貢(しこう)は固くなって聴いているより仕方がなかった。

「そこで[*3]、貧富を超越するということじゃが、それは結局、貧富を天に任せて、ただ一途に道を楽(たの)しみ礼を好む、ということなのじゃ。元来、道は功利的、消極的なものではない。従って、貧富その他の境遇によって、これを二三(にさん)すべきものではない。道は道なるが故に楽(たの)しみ、礼は礼なるが故に好むと云ったような、至純(しじゅん)な積極的な求道心があってこそ、どんな境遇にあっても自由無礙(むげ)に善処することが出来るのじゃ。顔回(がんかい)にはそれが出来る。彼はさすがに賢者じゃ。そこまで行くと、貧にしてへつらわないとか、富んで驕らないとかいうことは、もう問題ではなくなる。」

「先生、よくわかりました。」

と、子貢は、自分の未熟な考えを、みんなの前でうかうかと発表した軽率さを恥じる心と、孔子の言葉から得た新たな感激とを、胸の中で交錯させながら、頭を垂れた。

しばらく沈黙がつづいた。

詩を吟ずる声が、何処からか、かすかに流れて来た。子貢は、みんなの視線がまだ自分に注がれているのを感じて、少し息苦しかったが、詩吟の声に耳を澄ましている間に、ふと一つの記憶が彼の頭に蘇って来た。それは詩経の衛風篇に出ている「切するが如く、磋するが如く、琢するが如く、磨するが如し」という一句であった。

彼は、これまでこの句を、工匠が象牙や玉を刻む時の労苦にたとえて、人格陶冶の苦心を謡ったものだと解していた。むろんその解釈が誤っているというのではない。しかし彼は、この詩の中に含まれている大切な一点を見逃がしていたのである。それは工匠の芸術心であった。仕事を楽む心であった。労苦の中に、否、労苦することその事に、生命の躍動と歓喜とを見出す心であった。芸術は手段ではない。同様に求道は処世術ではない。工匠が芸術に生きる喜びを持つように、求道者は道そのものを楽む心に生きなければならない。彼はこれまで、この詩の中の、工匠の労苦だけからしか教訓を受けていなかった。何という浅薄さだったろう。

そう考えると、彼は思わず頭をあげて孔子を見た。そしてなんの作為もなく、この詩の一句が、すらすらと彼の咽をすべり出した。彼はこの時、過去の愚昧を恥じるよりも、新しい発見のために、心を躍らしていたのである。

吟じ終って彼は云った。

「先生のさきほどからのお話は、この詩の心ではございませんか。」

孔子は満面に微笑をたたえながら答えた。

「子貢、いいところに気がついた。それでこそ共に詩を談ずることが出来るというものじゃ。詩の心には、奥に奥があるのじゃから、あくまで掘り下げて行くだけの熱意のある人でなくては、その真髄に達することが出来ないが、君ならそれが出来そうじゃ。」

子貢は、つい誇らしい気持になって、うっかり一座を見廻そうとしたが、きわどいところで自制した。

＊1　子曰く、回やそれ庶からんか、屢空し。賜は命を受けずして貨殖す、億れば則ち屢中ると。（先進篇）

＊2　子曰く、貧にして怨むこと無きは難く、富みて驕ること無きは易しと。（憲問篇）

＊3　子曰く、賢なるかな回や。一箪の食、一瓢の飲、陋巷にあり、人はその憂に堪えず。回やその楽を改めず。賢なるかな回やと。（雍也篇）

瑚璉

子、子賤を謂う。君子なるかな、かくのごときの人。魯に君子者無くんば、斯れ焉んぞ斯を取らんと。

——公冶長篇——

子貢問いて曰く、賜や如何と。子曰く、汝は器なりと。曰く、何の器ぞやと。曰く、瑚璉なりと。

——公冶長篇——

「子賤は君子じゃ、あれでこそ真の君子と云えるのじゃ。」

孔子は、子貢の前で、しきりに子賤を讃め出した。

子賤は子貢より十八歳の後輩である。このごろ魯の単父という地方の代官になったが、いつも琴を弾じて堂を下らない。それでよく治まっている。子賤の前に代官をしていた巫馬期は、星をいただいて出で星をいただいて帰るというほど骨折ったが、子賤ほどにうまくは治まらなかった。

そこで巫馬期が、ある日子賤に、

「一たいどこに君の秘訣があるのだ。」

と訊くと、子賤は、

「私は人を使うが君は自分の力を使う。だから骨ばかり折れるのだ。」

と答えた。この答えが世間の評判になり、孔子の耳にも入った。孔子は子賤が若いに似ず、よく徳を以て治め、無為にして化しているのを知って、心から喜んだのである。

しかし、子貢にして見ると、自分の前で若造の子賤が、そんな風に讃められるのは、あまりいい気持ではなかった。彼はそれを自分に対する皮肉のようにも聞いたのである。

(自分は、もう四十の坂を越してかなりになるのに、まだ一度も孔子にそんな風な讃め方をされたことがない。どちらかというと、くさされる方が多かったくらいだ。)

彼はそう思って、暗い気持になった。そして、若い頃からの孔子との応対が、つぎつぎに思い出された。

いつの頃だったか、彼が孔子に、

「[*1]自分が人にされて嫌な事なら、自分も亦、人に対して、したくないものです。」

と云うと、孔子は言下に、

「それはまだまだお前に出来ることではない。」

と貶しつけてしまった。彼はその時のことを思うと、今でも顔から火が出るような気がするのである。

また、ある時、孔子は彼に対して、

「[*2]お前は学問の上で顔回に勝てる自信があるか。」

と訊ねた。顔回は、孔子がかねがね自分でも及ばないと云っていたほどの人物だから、その人に比較されるのは、彼として嬉しくないこともなかった。しかし、同時にこれは彼にとって不愉快な問いであった。「勝てます。」と云い切るわけには無論行かない。腹の底では、「なあに。」という気が十分あるのであるが、それを云えば、謙譲の徳にそむくことになる。顔回に対して負けないというだけならとにかく、孔子にも負けないという意味になるのだから、よけいに始末が悪い。「仁[*3]を行う場合は師にも譲るな。」という孔子のかねての教訓もあるが、それとこれとは場合がちがう。で、結局彼は内心不愉快に思いながら、あっさりと謙譲の徳を守るより仕方がなかった。彼は答えた。

「とても私などの及ぶところではありません。私はやっと一を聞いて二を知るだけですが、顔回は一を聞いて十を知ることが出来ます。」

すると孔子はその答えを予期してでもいたかのように、

「そうだ、お前は顔回には及ばない。それはお前の云う通りだ。お前のその正直な答えはいい。」

と云った。子貢としては、饅頭の外皮を讃められて餡をくさされたような気がしてならなかったのである。

しかし、子貢にとって何よりもいやな記憶は、彼が、ある日、しきりに門人たちと人物評をやっていたおり、孔子に横合から、

「子貢[*4]は賢い。私にはとても人の批評などしている暇がない。」

と、云われたことである。子貢に云わせると、孔子ほど人物評の好きな人も少な

い。他の門人たちが人物評をやっていると、御自身でも一口云わないでは居れない性である。然るに、自分にだけ、なぜあんな皮肉を云ったのだろう。あるいは自分を口舌の徒と思っていたのかも知れない。そう云えば、孔子はかつて弁論の雄として宰我と自分とを挙げたことがある。弁論の雄などというと、いかにも聞えがいいが、それは人間を讃める言葉として本質にふれたものではない。況んや宰我は懶者で嘘つきだ。彼こそまぎれもない口舌の徒である。彼と自分とを一緒にされたのではたまったものではない。

子貢は、そうした以前の事を考えながら、孔子が子賤を「君子だ、君子だ。」と讃めるのを聞いていると、ますますいらいらして来た。

この際、自分についても何とか云ってもらいたい。孔子も今では自分の価値を知っていてくれるに相違ないのだ。――彼はそう思って膝をもじもじさした。

孔子は、しかし、彼の様子などにはまるで無頓着なように、下鬚を撫でながら、眼を細くして独語のように云った。

「だが子賤のような立派な人物が磨き出されたのも、もともと魯に多くの君子がいたからじゃ、子賤はいい先輩や友人を持って仕合せであった。」

子貢は眼を輝かした。彼は衛の人間ではあるが、子賤の先輩として、その指導にはこれまでかなり力を入れて来たつもりでいる。だから孔子が先輩と云った中には、無論自分も含まれているはずだと思ったのである。しかし、彼はまだ何だか不安だった。はっきりつきとめて見ないうちは、わかったものではない。何しろ以前が以前だから、という気がした。同時に彼の心の底には、子賤などに劣るものではない、という自信があった。子賤を君子と讃めるくらいだから、ひょっとすると、孔子は自分に対して、それ以上の讃辞を与えるかも知れない、という自惚が、不安のかげに顔をのぞかせていた。

で、とうとう彼は訊ねた。

「先生、私についても何か一言云っていただきたいものでございます。」

彼は、云ってしまって、孔子がどんな顔をするか心配になった。自分のことに捉われ過ぎると思われはしないか、それが気になったのである。

しかし孔子の顔は極めて平静だった。そして無造作に答えた。

「お前は器じゃ。」

子貢は自分の耳を疑った。「器」という言葉は孔子が人物を批評する場合、これまでにもおりおり使った言葉である。それは大していい意味のものではなかった。先ず「才人」とか、「一芸一能に秀でた人」とかいった程度の意味である。「君子は器であってはならない。」――そんな事を云って、孔子はよく門人を戒めたものである。その「器」が自分に対する批評の言葉として投げられたのだから、子貢が案外に思ったのも無理はない。

孔子は、しかし、あくまで平静だった。あたりまえの事を、あたりまえに云ったに過ぎない、といったような顔をしていた。

子貢はがっかりした。恥かしくもあった。一種の憤りをさえ感じた。出来れば一刻も早く孔子の前を退きたいと思った。しかし、また、このまま引きさがるのもきまりが悪いような気がした。彼は進むことも退くこともできずに、蒼い顔をして孔子の顔を見つめていた。

孔子はやはり平然としていた。かなり永い沈黙がつづいた。

子貢は、とうとうたまりかねたように膝を乗り出して、訥りながら云った。

「先生、器というのは、な、……なんの器です。」

孔子は、子貢のただならぬ様子に、はじめて気がついたかのように、かすかに眉をひそめた。

しかし、次の瞬間には、彼はもう微笑していた。そしてちょっと考えたあとで、しずかに答えた。

「瑚璉じゃな。」

子貢は、「瑚璉」という言葉を聞くと、不思議そうな顔をして、孔子をまじまじと見た。瑚璉は宗廟を祭る時に、供物を盛る器である。玉などを鏤めた豪華なもので、あらゆる器の中で、最も貴重なものとされている。

（瑚璉、――瑚璉――）

彼は何度も胸の中で繰りかえして見た。そして、宗廟の祭壇に燦然と光っている一つの器を思い浮べた。

（器の中の器――人材の中の人材――一国の宰相。）

彼の連想は、次第に輝かしい方に向って行った。そして、いつの間にか、宰相の衣冠をつけて宗廟に立っている彼自身の姿を、心に描いていた。

（瑚璉とはうまく云ったものだ。）

彼は一瞬たしかにそう思った。その時、彼の顔はまさに綻びかけていた。

「瑚璉は大器じゃ。しかし、何と云っても器は器じゃ。」

さっきから子貢の顔の変化をじっと見つめていた孔子は、その時、念を押すように云った。

子貢は弾かれたように全身を動かした。そして見る見る彼の顔が蒼ざめて行った。

「子貢、何よりも自分を忘れる工夫をすることじゃ。自分の事ばかりにこだわっていては君子にはなれない。君子は徳を以てすべての人の才能を生かして行くが、それは自分を忘れることが出来るからじゃ。才人は自分の才能を誇る。そしてその才能だけで生きようとする。無論それで一かど世の中のお役には立つ。しかし自分を役立てるだけで人を役立てることが出来ないから、それはあたかも器のようなものじゃ。」

孔子はこの頃になくしんみりとした調子で説き出した。

「それに……」

と、彼は少し間をおいて、

「[*6]年少者だからといって、すべてに自分より後輩だと思ってはならぬ。年少者という者は馬鹿に出来ないものじゃ。ぐずぐずしているとすぐ追いついて来るのでな。

だが……」

と、孔子は沈痛な顔をして、再び間をおいた。

「四十、五十になっても、徳を以て世に聞えないようでは、もうその人の将来は知れたものじゃ。」

そう云った孔子の声はふるえていた。

子貢は喪心したように、ふらふらと立上った。そして顔に手をあてたかと思うと、息ずすりして泣いた。

孔子もその時は眼に一ぱい涙をためていた。

＊1 子貢曰く、我人の諸を我に加うることを欲せざるや、吾も亦諸を人に加うる無からんことを欲すと。子曰く、賜や爾の及ぶ所に非ざるなりと。（公冶長篇）

＊2 子、子貢に謂いて曰く、女と回と孰れか愈れると。対えて曰く。賜や何ぞ敢て回を望まん。回や一を聞いて以て十を知る。賜や一を聞いて以て二を知ると。子曰く、如かざるなり。吾女の如かずとするを与すと。（公冶長篇）

＊3 子曰く、仁に当りては師に譲らずと。（衛霊公篇）

＊4　子貢人を方ぶ。子曰く、賜や賢なるかな。夫れ我は則ち暇あらずと。（憲問篇）

＊5　子曰く、君子は器ならずと。（為政篇）

＊6　子曰く、後生畏るべし。焉んぞ来者の今に如かざるを知らんや。四十五十にして聞ゆるなくんば、斯れ亦畏るるに足らざるのみと。（子罕篇）

伯牛疾あり

伯牛疾あり、子これを問い、牖より其の手を執りて曰く、之を亡わん、命なるかな、斯の人にして斯の疾あるや、斯の人にして斯の疾あるやと。

——雍也篇——

冉伯牛の病気は、いよいよ癩病の徴候をあらわして来た。顔も、手も、表面がかさかさになり、全体にむくみあがって、むらさき色がかった肉が、皮膚の下から、今にも渋柿のようにくずれ出そうである。

このごろは、訪ねてくれる友人もほとんど無い。彼自身でも、人に顔を見られたくはないので、けっくその方が気は楽だが、一方では、やるせのない淋しさが、秋の水のように心の底にしみて来る。そして、その淋しさの奥には、人間に対する呪詛が、いつもどす黒く渦を巻いているのである。

ことに、天気のよい日など、病室の窓から、あまりにも美しい日光が、燦々と木の葉にふりそそいでいるのを見ると、天地ことごとくが、自分に対して無慈悲なように思えてならない。

（澄みきった日光の下で、生きながら腐爛(ふらん)して行く人間の肉体！　何という自然の悪意だろう。こんな悪意にみちた自然の中で、人間の心だけが、素直に育って行こう道理がない。）

彼はすぐそんなことを考えて、眼を暗い部屋の隅に転ずるのである。

しかし、自分の病気の正体を知った当座のおどろきにくらべると、これでも、彼の心は平静にかえった方である。その当座は、悲しいとか、怨めしいとかいうのをとおり越して、何の判断力もなく、まるでからくり人形のように、家の中をうろつきまわったものである。自殺しようとしたことも、幾度となくあった。しかもそれは、あとで考えると、全く無意識的な発作に過ぎなかったようである。

かように、ほとんど絶望そのものになりきっていた彼が、ともかくも、悲しんだり、怨んだりするだけの人間らしさを取りもどしたのは、まったく孔子のお蔭である。

孔子は、おりおり彼をたずねて来ては、慰めたり、叱ったり、いろいろの教訓を与えたりした。しかし、もっとも多く孔子が口にしたのは、一緒に諸国を遍歴して嘗めた労苦のおもい出、とりわけ、陳蔡の野に飢えたおりのことであった。伯牛にとっては、こうした過去の物語が、何にもましてなつかしかった。単なる慰藉や、叱責や、教訓などでは、どうにもならなかった彼も、一緒に旅に出て難儀をしたころのことが、しみじみと孔子自身の口から談られるのを聴いていると、次第に人心地がつき、生への執着が、水滴のように彼の心の中に滴りはじめるのだった。

それと同時に、彼の理性もそろそろと甦って来た。そして、このごろでは、どうしたら悲みや怨みに打ち克つことが出来るのか、どうしたら自分の悪疾を気にしないで、以前のとおり落ちついた心で道に精進することが出来るのか、また、どうしたら生死を超越することが出来るのか、そうしたことに心を悩ますまでになったのである。

（[*1]自分は、徳行においては、顔淵、閔子騫、仲弓などとならび称せられ、自分でも、内心それを得意にしていたものだが、今から考えると、自分の徳行なんか、まるで寄木細工見たいなものに過ぎなかった。その証拠には、一寸した障碍にぶっつかると、すぐばらばらに壊されてしまうのだ。病気や運命に負けるような徳行が、何の徳行だ。——

（それにつけても思い出すのは、陳蔡の野でみんなが苦しんだ時に、先生の云われた言葉だ。

「君子も固より窮することがある。だが、小人と異るところは、窮しても濫れないことだ。」（「陳蔡の野」参照）

と。そうだ、どんな場合にも濫れない人であってこそ、真に徳行の人ということが出来るのだ。しかし、その力はどこから出て来るのか。——

（また、いつだったか、先生は、

「[*2]大軍の主将といえども、生擒にされないことはない。しかし、微々たる田夫野人でも、その操守を奪い取ることは出来ない。」

と云われた。何というすばらしい言葉だろう。病気ぐらいでとりみだしている自分の心が恥かしい。しかし、その堅固な操守の根本の力となるものは何だ。自分にはそれがわからないのだ。自分はこれまで、そうした根本的なものを摑むことを怠って、ただ先生や先輩の言動だけを、形式的に真似ていたに過ぎなかったのではなかったか。——）

こうした反省をつづけている間の彼は、さほど不幸ではなかった。考えの解決はつかなくても、やはり彼の心には、人間らしいある明るさがあった。少くとも、その間だけは、腐爛して行く自分の肉体を忘れることが出来た。しかし、からだを動かした拍子に、痛みで皮膚の感覚が、眼をさますと、彼はすぐ自分の手を見つめた。それから、その手をそっと顔にあてて、指先で、用心ぶかく眉や鼻のあたりを探った。そして、そのあとで彼の心を支配するものは、いつも戦慄と、萎縮と、猜疑と、呪詛とであった。

どうしたわけか、今日はとりわけ朝から彼の心が落ちつかない。友人たちに対する邪推[*3]が、それからそれへと深まって行く。

（みんなが寄りつかないのは、きっと自分の病気を恐がっているからだ。そのくせ、病人の気持を察して、などと、いかにも思いやりのあるようなことを、おたがいに云いあっているのだろう。あいつらには、先生のいつも仰しゃる「恕」とか、「己の欲せざるところを人に施してはならない」とかいうことが、恐らく、こんな時にだけ役に立つのだ。）

そんな皮肉な考えが、自然に彼の頭に浮んで来る。そして、そのあげくには、孔子だって、本音を洗って見たら、どんなものだか知れたものではない、といったようなことまで考える。

（そういえば、先生も、もうそろそろ一カ月ちかくも顔を見せられない。考えて見ると、自分の顔全体が変にくずれ出したのは、この前お会いしたころからのことだ。いよいよ先生も逃げ腰だな。――

「冬[*4]になって見ると、どれがほんとうの常磐樹（ときわぎ）だかわかる。ふだんは、どの木も一様に青い色をしているが。」

などと、よく先生は鹿爪（しかつめ）らしい顔をして云っておられたものだが、さて先生ご自身は、果してその常磐樹（ときわぎ）といえるかな。聖人と云われるほどの人の正体も、今度という今度は、はっきりわかるわけだ。それも、自分がこんな病気になったお蔭かも知れない。）

伯牛（はくぎゅう）は、眉も睫毛（まつげ）もない、むくんだ顔を、気味わるくゆがめて、皮肉な笑いをもらしたが、笑ったあとで、たまらなく不愉快な気持（きもち）になった。何だか、孔子という人間一人の化（ばけ）の皮をはぐために、自分が犠牲にでもなっているような気がしてならなかったのである。

(孔子一人のために、これまでも、われわれはどれほど苦しんで来たことだろう。それに、こんな病気にまでなって、その正体を見究めなければならないのか。孔子という人間は、それほど人に犠牲を要求する価値のある人間なのか。)

彼は、そんな飛んでもないことまで考えて、まるで気でも狂ったようになっていた。

「先生がお見舞い下さいました。」

と、その時、だしぬけに召使いが戸口に立って云った。

伯牛(はくぎゅう)はぎくりとした。そして、悪夢からさめたあとのように、しばらく天井を凝視した。それから、急にあわてて、一(いっ)たんは臥床(ねどこ)の上に起きあがったが、すぐまた横になって、頭からすっぽりと夜着(よぎ)をかぶってしまった。夜着(よぎ)は肩のあたりでかすかにふるえていた。

「こちらにお通しいたしましても、よろしゅうございましょうか。」

召使いは、一歩臥床(ねどこ)に近づきながら云った。

返事がない。

召使いは、しばらく首をかしげて思案していたが、独りで何かうなずきながら、そのまま部屋を出て、しずかに戸をしめた。

五六分が過ぎた。その間伯牛は、夜着の下でふるえつづけていた。すると、だしぬけに窓の外から孔子の声がきこえた。

「伯牛、わしは強いてお前の顔を見ようとは云わぬ。せめて声だけでも聞きたいと思って、久々でやって来たのじゃ。」

「…………」

「このごろ工合はどうじゃ。やはりすぐれないかの。だが、心だけは安らかに持つがいい。心が安らかでないのは、君子の恥じゃ。」

「先生、お……お……お許しを願います。」

伯牛は、むせぶように夜着の中から云った。

「いや、そのままで結構じゃ。お前の気持は、わしにもよくわかる。人に不快な思いをさせまいとするその気持は、正しいとさえ云えるのじゃ。しかし、……」

と、孔子は一寸間をおいて、

「万一[*5]にも、お前がその病気を恥じて、顔をかくしているとすると、それは正しいとは云えない。お前の病気は天命じゃ。天命は天命のままに受取って、しずかに忍従するところに道がある。しかも、それこそ大きな道じゃ。そして、その道を歩む者のみが、真に、知仁勇の徳を完成して、惑いも、憂いも、懼れもない心境を開拓することが出来るのじゃ。」

伯牛は嗚咽した。その声は、窓のそとに立っている孔子の耳にも、はっきり聞えた。

「伯牛、手をお出し。」

孔子は、そう云って、自分の右手を、窓からぐっと突き入れた。彼の顔は、窓枠の上にかくれて、内側からはちっとも見えない。

伯牛の、象の皮膚のようにざらざらした手が、怯えるように、夜着の中からそろそろとのぞき出た。孔子の手は、いつの間にか、それをしっかりと握っていた。

夜着の中からは、ふたたび絶え入るような嗚咽の声がきこえた。

「伯牛、おたがいに世を終るのも、そう遠くはあるまい。くれぐれも心を安らかに持ちたいものじゃ。」

孔子は、そう云って、伯牛の手を放すと、しずかに歩をうつして門外に出た。そして、いくたびか従者をかえりみて嘆息した。

「天命じゃ。天命じゃ。しかし、あれほどの人物が、こんな病気にかかるとは、何というむごたらしいことだろう。」

　伯牛が、雨にぬれた毒茸のような顔を、そっと夜着から出したのは、それから小半時もたってからのことであった。彼は、全身ににじんだ汗を、用心深く拭きとりながら、臥床の上に坐った。悔恨の心の底に、何か知ら、すがすがしいものが流れているのを、彼は感じていた。

「朝[*6]に道を聞けば夕に死んでも悔いない。」といった、曾ての孔子の意義ふかい言葉が、しみじみと思い出された。

（永遠は現在の一瞬にある。刻下に道に生きる心こそ、生死を乗りこえて永遠に生きる心なのだ。）

　彼はそう思った。

（天命、――そうだ。一切は天命だ。病める者も、健やかなる者も、おしなべて一つの大いなる天命に抱かれて生きている。天は全一だ。天の心には自他の区別はない。況んや悪意をやだ。天はただその歩むべき道をひたすらに歩むのだ。そして、この天命を深く噛みしめる者のみが、刻下に道に生きることが出来るのだ。）

彼は、孔子の心を、今こそはっきりと知ることが出来た。そして、さっき孔子に握りしめられた自分の手を、いつまでもいつまでも、見つめていた。

彼の心は無限に静かで、明るかった。彼にはもう、自分の肉体の醜さを恥じる気持など、微塵も残っていなかった。彼は、いつ死んでもいいような気にすらなって、恍惚として褥の上に坐っていた。

＊1 子曰く、我に陳蔡に従いし者は、皆門に及ばざるなり。徳行には顔淵・閔子騫・冉伯牛・仲弓、言語には宰我・子貢、政事には冉有・季路、文学には子游・子夏と。（先進篇）

＊2 子曰く、三軍も帥を奪うべきなり。匹夫も志を奪うべからざるなりと。（子罕篇）

＊3 子貢問いて曰く、一言にして終身これを行うべき者ありやと。子曰く、其れ恕か、己の欲せざる所は人に施すこと勿れと。（衛霊公篇）

＊4 子曰く、歳寒くして然る後に、松柏の後れて凋むを知るなりと。（子罕篇）

＊5　子曰く、知者は惑わず、仁者は憂えず、勇者は懼れずと。（子罕篇）

＊6　子曰く、朝に道を聞かば、夕に死すとも可なりと。（里仁篇）

志を言う

顔淵季路侍す。子曰く、盍ぞ各々爾の志を言わざると。子路曰く、願わくは車馬衣軽裘、朋友と共にし、之を敝りて憾み無からんと。顔淵曰く、願わくは善に伐ることなく、労を施いにすること無からんと。子路曰く、願わくは子の志を聞かんと。子曰く、老者は之を安んじ、朋友は之を信じ、少者は之を懐けんと。

——公冶長篇——

ある日の夕方、孔子は、多くの門人たちが帰ったあとで、顔淵と子路の二人を相手に、うちくつろいで話していた。

孔子は顔淵をこの上もなく愛していた。それは、顔淵が、孔子の片言隻句からでも深い意味をさぐり出して、それを事上に錬磨することを怠らなかったからである。

顔淵は、実に、一を聞いて十を知る明敏な頭脳の持主であった。だが、孔子の心をひきつけたのは、彼の頭脳ではなくて、その心の敬虔さであった。顔淵のこの心こそは、真に人生の宝玉である、と孔子はいつも思っていたのである。

子路もまた孔子の愛弟子の一人であった。彼は、孔子の門人の中での最年長者であり、孔子と年が僅か九つしかちがっていなかったが、心は誰よりも若かった。そして、その青年らしい、はち切れるような元気が、いつも孔子をほほ笑ましていた。けれども、その愛は、顔淵に対する愛とは、まるで趣のちがった愛であった。孔子は、顔淵に対しては、ほとんど真理そのものに対する愛、といったようなものを感じていたが、子路に対しては、そうは行かなかった。

孔子は、子路について、たえず深い憂いを抱いていた。それは、子路が、いつもその自負心のゆえに、浅っぽくものを見る癖があったからである。彼は、道を実行する勇猛心においては、門人たちの誰にも劣らなかったが、その実行しようとする道は、いつも、第二義、第三義的なものになりがちであった。そして、ややもすると、彼は、みずから正義を行っていると信じて、却ってまっしぐらに、反対の方向に進んで行くことすらあった。元気者であり、実行力が強いだけに、彼のそうした危険も、一層大きかったのである。こんなわけで、孔子は、子路の元気なところを見ていると、いつも微笑せずには居れなかったが、その微笑は、そう永くはつづかなかった。微笑のあとには、きまって、深い寂しさが彼の胸を一ぱいにするのだった。

ことに、今日こうして、淡い夕暮の光のなかで、顔淵と子路の二人だけを相手にして坐っていると、顔淵の病弱なからだにくらべて、子路がいかにも豪壮な様子をしているにかかわらず、孔子の眼には、子路が見すぼらしく、空っぽに見えて仕方がなかった。で、今日は一つ、しんみりと子路を反省させるように仕向けて見たい、と思ったのである。

子路を反省させるには、実際、こんないい機会はめったに見つからなかった。自負心の強い子路は、沢山の門人たち、ことに彼が、学問において自分よりも後輩だ、と思っている門人たちのなかで、孔子に真正面から訓戒されることは、その堪えられないところであった。また、かりに遠まわしに諭されて、それが自分に対する諷刺だとわかったとしても、彼は恐らく、それは自分にかかわりのないことだ、といったような顔付をして、その場をごまかしてしまったであろう。それほど彼の自負心は強かったのである。

　けれども、彼のこの自負心も、顔淵に対してだけは、さほどに強くは働かなかった。顔淵は、誰に対してもそうであったが、年上の子路に対しては、特に徹底して謙遜であった。時としては、子路の云った言葉を、子路自身で考えていた以上に、深い意味に解して、心から子路に頭を下げるようなこともあった。そんな時には、さすがの子路も、いくぶん面映ゆく感じたが、顔淵が自分を高く買ってくれるのを、心ひそかに悦ばずには居れなかった。こんな風で、子路は顔淵に対して、ふだんから一種の気安さと、親しみとを感じていたのである。で、顔淵の前だけでなら、孔子に少しぐらい何か云われても、さほどに苦痛には感じないらしかった。そこを孔子もよく呑みこんでいたのである。

　孔子としては、子路のそうした心境を、悲しく思わないわけではなかったが、子路を諭す機会としては、やはりほかに人がいない方がいいと思ったのである。

　それでも孔子は、決して子路を真正面から叩きつけるようなことはしなかった。彼は子路だけにものを云う代りに、二人に向ってそれとなく話しかけた。

「どうじゃ、今日は一つ、めいめいの理想といったようなものを話しあって見たら。」

この言葉を聞くと、子路は眼をかがやかし、からだを乗り出して、すぐに口を切ろうとした。孔子はそれに気がついたが、わざと眼をそらして、顔淵の方を見た。顔淵は、ただしずかに眼をとじていた。彼は、自分の心の奥底に、何かを探り求めているかのようであった。

子路は、自分にものを云う機会を与えなかった孔子の心を解しかねた。そして、いささか不平らしく、

「先生！」

と呼びかけた。で、孔子も仕方なしに、また子路の方をふり向いた。

「先生、私は、私が政治の要職につき、馬車に乗ったり、毛皮の着物を着たりする身分になっても、友人と共にそれに乗り、友人と共にそれを着て、たとい友人がそれらをいためても憾むことのないようにありたいものだと存じます。」

孔子は、子路が物欲に超越したようなことを云いながら、その前提に自分の立身出世を置き、友人を自分以下に見ている気持に、ひどく不満を感じた。そして、うながすように、再び顔淵の顔を見た。

顔淵は、いつものような謙遜な態度で、子路の云うことに耳を傾けていたが、も

う一度、自分の心を探るかのように眼を閉じてから、しずかに口を開いた。

「私は、善に誇らず、労を衒わず、自分のなすべきことを、ただただ真心をこめてやって見たいと思うだけです。」

孔子は、軽くうなずきながら顔淵の言葉を聴いていた。そして、それが子路にどう響いたかを見るために、もう一度子路を顧みた。

子路は、顔淵の言葉に、何か知ら深いところがあるように思った。そして自分の述べた理想は、それにくらべると、如何にも上すべりのしたものであることに気がついて、いささか恥かしくなった。が、悲しいことには、彼の自負心が、同時に首をもたげた。そして、彼はそっと顔淵の顔をのぞいて見た。

顔淵は、しかし、いつもと同じように、虔ましく坐っているだけで、子路が述べた理想を嘲っているような風など、微塵もなかった。子路はそれで一先ずほっとした。

けれども、子路としては、孔子がどう思っているかが、もっと心配であった。そして、一種の気味悪さを感じながら、孔子の言葉を待った。孔子は、しかし、じっと彼の顔を見つめているだけで、何とも云わなかった。

かなり永い間、沈黙がつづいた。子路にとっては、それは息づまるような時間であった。彼は眼をおとして、孔子の膝のあたりを見たが、やはり孔子の視線が自分の額のあたりに落ちているのを感じないわけには行かなかった。彼は少しいらいらして来た。そして、顔淵までがおし黙って、つつましく控えているのが、一層彼の神経を刺戟した。彼は顔淵に対して、これまでにない腹立たしさを感じたのである。で、とうとう彼は堪えきれなくなって、詰めよるように孔子に云った。

「先生、どうか先生の御理想も承らしていただきたいと存じます。」

孔子は、子路が顔淵に対してすらも、その浅薄な自負心を捨てきらないのを見て、暗然となった。そして、深い憐憫の眼を子路に投げかけながら、答えた。

「わしかい、わしは、老人たちの心を安らかにしたい、朋友とは信を以て交わりたい、年少者には親しまれたい、と、ただそれだけを願っているのじゃ。」

この言葉をきいて、子路は、そのあまりに平凡なのに、きょとんとした。そして、それにくらべると、自分の云ったことも満更ではないぞ、と思った。彼のいらいらした気分は、それですっかり消えてしまった。

これに反して、顔淵のしずかであった顔は、うすく紅潮して来た。彼は、これまでいく度も、今度こそは孔子の境地に追いつくことが出来たぞ、と思った瞬間に、いつも、するりと身をかわされるような気がしていたが、この時もまたそうであった。彼は、自分が依然として自分というものに捉われていることに気がついた。先生は、ただ老者と、朋友と、年少者とのことだけを考えていられる。それらを基準にして、自分を規制して行こうとされるのが先生の道だ。自分の善を誇らないとか、自分の労を衒わないとかいう事は、要するに自分を中心にした考え方だ。しかもそれは頭でひねりまわした理窟ではないか。自分たちの周囲には、いつも老者と、朋友と、年少者とがいる。人間は、この現実に対して、ただなすべき事をなして行けばいいのだ。自分に捉われないところに、誇るも衒うもない。——彼はそう思って、孔子の前に首を垂れた。

　孔子は、自分の言葉が、自分の予期以上に顔淵の心に響いたのを見て取って、云い知れぬ悦びを感じた。けれども、かんじんの子路が、何の得るところもなく、相かわらず浅薄な自負心に災いされているのを見ては、ますます心を暗くせずには居れなかった。彼はその夜、寝床に入ってからも、子路のためにいろいろと心を砕いた。

子路の舌

子路、子羔をして費の宰たらしむ。子曰く、夫の人の子を賊うと。子路曰く、民人あり、社稷あり、何ぞ必ずしも書を読みて、然る後に学びたりと為さんやと。子曰く、是の故に夫の佞者を悪むと。

——先進篇——

子路は、季氏に仕えて、一時はかなり幅をきかしていた。彼は人に頼まれると、例の親分肌を発揮して、よくいろんな人を採用したものだが、子羔を費邑の代官に任命したのも、そのころのことである。

費は、季氏の領内でも難治の邑として知られ、閔子騫などのような優れた人物でも、完全には治めかねたところである。然るに子羔は、まだ年は若いし、学問は生だし、人物も、性質も悪くはないが、少しのろまだし、どう見てもそんな難治の地方で代官など勤まる柄ではなかった。

この事を知って、誰よりも心配したのは孔子であった。

(子路にも困ったものだ。向う見ずにもほどがある。何かとちがって、人事だけは慎重にやってもらわないと、政治の根本が壊れる。それに、第一本人の子羔が可哀そうだ。自分では出世をしたつもりで、喜んでいるかも知れないが、恐らく彼の前途もこれで駄目になるだろう。愚かな者は愚かなりで、ぽつぽつやらせておく方が、却って本人のためになるのだが。)

子路は、しかし、孔子が自分を批難していようなどとは夢にも思っていなかった。彼は、孔子の門人を一人でも多く世に出してやることに、大きな誇りをさえ感じていた。彼の考えでは、それが孔子の教えを拡めるに最も効果の多い方法であり、そして孔子を喜ばす最善の道だったのである。で、彼はある日、得々として孔子の門を叩き、子羔を採用したことを報告した。

ところが、孔子はただ一語、

「それは人の子を賊うというものじゃ。」

と云ったきり、じっと子路の顔を見つめた。

子路は面喰った。彼はこれまで、門人たちのうちでも、最も多く孔子に叱られて来た一人ではあるが、未だかつて、こんなにだしぬけに、しかも、こんなにぶっきら棒な言葉を以て、あしらわれた覚えがなかった。彼は、眼をぱちくりさせながら、孔子は何か思いちがいをしているのではないか、と考えた。で、もう一度彼は、

「このたび、子羔を費邑の代官に登用することが出来ました。」

と、出来るだけゆっくり報告した。

「わかっている。」

孔子は、眉一つ動かさず、子路を見つめたまま答えた。

子路は、これはいけない、先生は今日はどうかしている、と思った。しかし、子羔を用いたのが悪かったとは、まだ夢にも思っていなかった。で、彼は軽く頭を下げながら、

「また一人、同志を官界に出すことが出来ました。道のために喜ばしく存じます。」

「人の子を賊うのは道ではない。」

孔子の視線は依然として動かなかった。

子路は、この時はじめて、「しまった。」と思った。孔子の機嫌を損じている理由

に、やっと気がついたのである。しかし、あっさり自分の過失を謝まることの出来ないのが、彼の悪い癖だった。それに、第一、彼は、のろまだという定評のある子羔を自分が知らないで用いた、と孔子に思われるのが辛かった。

（自分に人物を見る明がないのではない。子羔の人となりぐらいは、自分にもよくわかっている。わかっていて彼を用いたのには、理由があるのだ。）

そう孔子に思わせたかったのである。

「子羔のためにならないことをした、と仰しゃるのですか。」

彼はつとめて平気を装いながら訊ねた。

「君はそうは思わないのか。」

孔子の態度は、あくまでも厳然としている。

「むろん、子羔には少し荷が勝ちすぎるとは思っていますが……」

「少しぐらいではない、彼はまだ無学も同然じゃ。」

「ですから、実地について学問をさせたいと思うのです。」

「実地について？」

「そうです、本を読むばかりが学問ではありません。」

子路は、とっさに、孔子がいつも自分たちに云っていることを、そのまま応用した。

孔子は、それを聞くと、すぐ眼をそらして、妙に顔をゆがめた。子路は、しかし、孔子の表情をこまかに観察する余裕を持たなかった。彼はやっと孔子の凝視から逃れることが出来て、やれやれと思った。とたんに彼の口は非常に滑らかになった。

「費には、治むべき人民がおります。祭るべき神々の社があります。そして、民を治め、神々を祭ることこそ、何よりの生きた学問であります。真の学問は体験に即したものでなければならない、とは常に先生にお聞きした事でありますが、特に、子羔のように、古書について学問をする力の乏しい者は、一日も早く実務につかせる方がよろしいかと存じます。誰だって、実務を目の前に控えて、ぐずぐずしてはおれませんから。」

子路は、一気にしゃべりつづけた。そして自分ながら、とっさに孔子自身の持論を応用して、それを自分の言葉で巧みに表現することの出来たのを得意に感じながら、孔子の返事をまった。

孔子は、しかし、そっぽを向いたきり、ものを云わなかった。彼はじっと眼を閉じて、何か思案するような風であった。

子路の眼には、妙にそれが痛々しかった。自分の言葉が、図星に中りすぎて、さすがに先生も困って居られるな、と思った。彼は何とかその場を繕わなければならないと思ったが、残念ながら、そんな場合の技巧は、彼の得意とするところではなかった。で、彼も丸太のようにおし黙っていた。

そのうちに、彼は次第に孔子の沈黙が恐ろしくなり出した。孔子の沈黙は、いつもただ事ではなかったからである。彼は孔子の横顔をぬすみ見ながら、そろそろ自分を反省しはじめた。

（自分は、今先生に云ったとおりのことを、ほんとうに信じているのか。）

いや！　と、彼は即座に自分に答えざるを得なかった。

（子羔のためにならないのは、先生の言葉をまつまでもなく、知れ切ったことだ。すると、自分は、一体誰のために彼を採用したのだ？　むろん費の人民のためではない。子羔自身のためでもなく、費のためでもないとすると――）

彼はここまで考えて来て、もう孔子の前にいたたまらなくなった。何とか機会をとらえて逃げ出す工夫はないものか、と考えた。向う見ずの彼だけに、一旦反省し出すと、矢も楯もたまらないほど恥かしくなるのであった。

その時、孔子の顔が動いた。子路にはそれが電光のように感じられた。孔子の声は、しかし、ゆったりと流れた。

「私は、議論が立派だというだけで、その人を信ずるわけには行かない。なぜなら、真に道を行わんとする人であるか、表面だけを飾っている人であるかは、それだけでは判断がつかないからじゃ。われわれは、正面から反対の出来ない道理で飾られた悪行、というもののあることを知らなければならない。己の善を行わんがために、人を賊うのがその一つじゃ。そんな行いをする人は、いつも立派な道理を持合せている。そして私は、――」

ここで孔子は、一段と声を励ました。

「その道理を巧みに述べ立てる舌を持っている人を、心から悪むのじゃ！」

子路は、喪心したようになって、孔子の門を辞した。

彼が、体験に即した学問というものの本当の意味を、はっきり理解し得たのは、それ以後のことだと云われている。

＊1　子曰く、論の篤きにのみ是れ与せば、君子者か、色荘者かと。（先進篇）

自らを限る者

冉求曰く、子の道を説ばざるに非ず。力足らざればなりと。子曰く、力足らざる者は中道にして癈す、今女は画れりと。

——雍也篇——

「冉求はこのごろどうしたのじゃ。さっぱり元気がないようじゃが。」

孔子にそう云われるほど、実際冉求はこの一二カ月弱りきった顔をしている。別に身体に故障があるのではない。ただひどく気分が引き立たないのである。

彼が孔子の門にはいったのは、表面はとにかく、内心では、いい仕官の口を得たいためであった。仕官をするには、一とおり詩書礼楽に通じていなければならない。そして、その方面にかけての第一人者は、何と云っても孔子である。孔子の門にさえはいって居れば、ともかく一人前の人間に仕立ててもらえるだろうし、それは仕官の手蔓だって、きっと得やすいにちがいない。そう思って、彼はせっせと勉強しつづけていたのである。

　ところが、しばらく教えをうけているうちに、彼は一つの疑問にぶッつかった。それは孔子の学問が、最初自分の考えていたのとちがって、何だか実用に適しないように思えることであった。なるほど孔子は、いつも理論よりも実行を尊ばれる。それはよくわかる。よくわかるが、その実行というのが、非常に世間放れのしたもので、忠実にそれを守っていたら、実生活の敗北者になりそうなことばかりである。客観性を持たない真理は、要するに空想に過ぎないのではないか。自分は美しい空想を求めて入門したのではない。もっと生活に即した、実現性のある教えがほしい。

　それに、こんな夢のようなことばかり教わって、ぐずぐずしていたのでは、仕官の機会がいつ来るのか、わかったものではない。そう云えば、孔子は、われわれ門[*1]人のために、仕官について、ちっとも積極的に働いてくれてはいないようだ。「自分にそれだけの力さえあれば、何も世間に名前の知れないのを心配することはない。」などとよく云われるが、今の時代にずいぶん迂遠な話だ。むやみと押売りするわけにも行くまいが、ちっとはわれわれの気持を察して、何とかわれわれの評判が立つようにして貰いたいものだ。

とにかく今のままでは面白くない。顔回など、馬鹿正直に孔子の一言一行を学んで、喜んでいるようだが、あんなに身体が弱くて、どうせ忙しい政治家などになれない人は、あんな風にでもして、自ら慰めるより仕方があるまい。だが、われわれと顔回とを同一視して、彼の真似さえしていれば、それでいいような風に云われるのは、少々心得がたい。なるほど顔回は、あんな風だから、個人的な徳行の点では、優れているのかも知れない。しかし、政治には、子路のような蛮勇も要れば、子貢のような華やかさも要る。そう誰も彼も同じ調子で行くものではない。個性を無視して、何の教育だ、何の道だ。

彼は、そんな不平を抱いて、永いこと過ごして来た。そして、幾度となく、いろんな理窟をこねまわして、孔子にぶッつかって見た。しかし、ぶッつかって見ると、いつも造作なく孔子にやりこめられてしまった。やりこめられたというよりは、軽々と抱き上げられて、ぽんとやさしく頭をうたれたような気がするのだった。そのたびごとに彼は拍子ぬけがした。そして、そのあとには変にさびしい気持が、彼の心を支配するのだった。

日がたつにつれて、彼は、孔子があまりによく門人たちの心を知っているのに驚いた。彼自身、どれほどうまく言葉を繕って見ても、孔子はいつも先廻りして、彼の前に立ちふさがっていた。個性を無視するどころではない、一人々々の病気をよく知りぬいていて、まるで魔術のように急所を押さえてしまう。しかもその急所の押さえかたは決してその場その場の思いつきではない。孔子の心のどこかに、一つの精妙な機械が据えつけてあって、そこから時と場合とに応じて、自由自在にいろんな手が飛び出して来るように思える。「道はただ一つだ。」とは、よく聞かされた言葉だが、恐らくそれが孔子の掴んでいる道なのだろう。しかし、その正体はわからない。それは「仁」だというものもある。「忠恕」だというものもある。言葉では何とでも云えるだろうが、その心持を実感的に味うことは容易でない。しかも、それこそ孔子が、生きた日々の事象を取りさばいて行く力なのだ。決してそれは、自分が以前に考えていたような美しい空想ではない。十分な客観性をもった、血の出るような実生活上の真理なのだ。そして、それを掴むことこそ、真の学問なのだ。

彼はだんだんとそんなことに気がつき出した。同時に彼の態度も次第に変って来て、仕官などはもうどうでもいいことのように思われ出した。そして、そういう心で門人たちを見ると、なるほど顔回はその中でも一頭地をぬいている。閔子騫や、冉伯牛や、仲弓もなかなか立派である。宰我や子貢は何だか生意気に見える。子夏と子游とは少しうすっぺらだ。子路は穴だらけの野心家のように思える。そして自分は、と彼は自ら省みて、いつも一種の膚寒さを感ずるのであった。

子路に似て政治を好みながら、子路ほどの剛健さと醇朴さを持たない彼は、とかく小策を弄したり、言いわけをしたりすることが多かった。門人仲間では謙遜家のように評されているが、それは負惜しみや、ずるさから出る、表面だけの謙遜であることを、彼自身よく知っていた。彼は自分の腹の底に、卑怯な、小ざかしい鼬のような動物が巣喰っていて、いつも自分を裏切って、孔子の心に背かしているような気がしてならなかった。

（俺は道を求めている。この事に間違いはないはずだ。）

彼はたしかにそう信じている。しかし同時に、彼の心のどこかで彼が道を逃げたがっていることも、間違いのない事実であった。そして、

（駄目だ。俺は孔子の道とは、もともと縁のない人間だったのだ。）

彼は、このごろ、しみじみとそう思うようになった。そして、いくたびか孔子の

門に別れを告げようかと考えたこともあった。しかし、思いきってそれも出来なかった。こうして、ぐずぐずしている間に、彼の腹の中の鼬はいよいよ彼に、表面をかざるための小策を弄さした。そして、小策を弄したあとの淋しさは、そのたびごとに、いよいよ深くなって行くばかりであった。

こうして彼の顔色は、孔子の眼にもつくほどに、血の気を失って来たのである。

彼は、とうとうある日、ただ一人で孔子に面会を求めた。心の中を何もかもさらけ出して、孔子の教えを乞うつもりだったのである。ところが、孔子の室にはいると、例の腹の中の鼬が、つい、ものを云ってしまった。

「私は、先生のお教えになることに強いあこがれを持っています。ただ、私の力の足りないのが残念でなりません。」

彼は云ってしまって、自分ながら自分の言葉にちっとも痛切なところがないのに驚いた。

（何のために自分はわざわざ一人で先生に面会を求めたのだ。こんな平凡な事を云うくらいなら、いつだってよかったはずだ。先生も定めしおかしな奴だと思われるだろう。）

そう思って、恐る恐る彼は孔子の顔を見た。

孔子は、しかし、思ったよりも遥かに緊張した顔をしていた。そして、しばらく冉求（ぜんきゅう）をじっと見つめていたが、

「苦しいかね。」

と、いかにも同情するような声で云った。

冉求（ぜんきゅう）の鼬（いたち）は、その声をきくと急に頭をひっこめた。そしてその代（かわ）りに、しみじみとした感じが、彼の胸一（むねいっ）ぱいに流れた。彼は、母の胸に顔をくッつけているような気になって、思う存分甘えて見たいとすら思った。

「ええ、苦しいんです。なぜ私は素直な心になり得ないのでしょう。いつまでもこんな風では、先生のお教えをうけても、結局駄目ではないかと存じます。」

「お前の心持（こころもち）はよくわかる。しかし、苦しむのは、苦しまないのよりは却（かえ）っていい事なのじゃ。お前は、自分で苦しむようになったことを、一つの進歩だと思って、感謝していい、何も絶望することはない。」

「でも先生、私には、真実の道を摑（つか）むだけの素質がないのです。本来駄目に出来ている男なのです。私は卑怯者です。偽り者です。そして……」

と、冉求は急にある束縛から解放されたように、やたらに、自分をけなしはじめた。

「お黙りなさい。」

と、その時凜然とした孔子の声が響いた。

「お前は、自分で自分の欠点を並べたてて、自分の気休めにするつもりなのか。そんな事をする隙があったら、なぜもっと苦しんで見ないのじゃ。お前は、本来自分にその力がないということを、弁解がましく云っているが、ほんとうに力があるか無いかは努力して見た上でなければわかるものではない。力のない者は中途で斃れる。斃れてはじめて力の足りなかったことが証明されるのじゃ。斃れもしないうちから、自分の力の足りないことを予定するのは、天に対する冒瀆じゃ。何が悪だといっても、まだ試しても見ない自分の力を否定するほどの悪はない。それは生命そのものの否定を意味するからじゃ。しかし……」

と、孔子は少し声をおとして、

「お前は、まだ心からお前自身の力を否定しているのではない。お前はそんなことを云って、わしに弁解をすると共に、お前自身に弁解をしているのじゃ。それがいけない。それがお前の一番の欠点じゃ。」

冉求は、自分では引っこめたつもりでいた鼬の頭が孔子の眼には、ちっとも隠されていなかったことに気がついて、少からず狼狽した。

孔子は、しかし、静かに言葉をつづけた。

「[*2]それというのも、お前の求道心が、まだ本当には燃え上っていないからじゃ。本当に求道心が燃えて居れば、自他に阿る心を焼きつくして、素朴な心にかえることが出来る。素朴な心こそは、仁に近づく最善の道なのだ。元来、仁というものは、そんなに遠方にあるものではない。遠方にあると思うのは、心に無用の飾りをつけて、それに隔てられているからじゃ。つまり、求める心が、まだ真剣でないから、というより仕方がない。どうじゃ、そうは思わないのか。」

冉求は、うやうやしく頭を下げた。

「とにかく、自分で自分の力を限るようなことを云うのは、自分の恥になっても、弁護にはならない。それ、よくそこいらの若い者たちが歌っている歌に、

[*3]ゆすらうめの木
花咲きやまねく、

ひらりひらりと
色よくまねく。

まねきゃこの胸
こがれるばかり、
道が遠くて
行かりゃせぬ。

というのがある。あれなども、人間の生命力を信ずる者にとっては全く物足りない歌じゃ。なあに、道が遠いことなんかあるものか。道が遠いといってへこむのは、まだ思いようが足りないからじゃ。はっ、はっ、はっ。」

孔子は、いかにも愉快そうに、大きく笑った。

冉求は、このごろにない朗らかな顔をして室を出たが、その足どりには新しい力がこもっていた。

＊1　子曰く、人の己を知らざるを患えず、其の能くすることなきを患うるなりと。

（憲問篇）

＊2　子曰く、剛毅木訥は仁に近しと。（子路篇）

子曰く、仁遠からんや。我仁を欲せば斯に仁至ると。（述而篇）

＊3　唐棣の華、偏としてそれ反える。豈に爾を思わざらんや。室是れ遠ければなりと。子曰く、未だ之を思わざるなり。夫れ何の遠きこと之あらんやと。（子罕篇）

宰予の昼寝

宰予昼寝ぬ。子曰く、朽木は雕るべからざるなり。糞土の牆は杇るべからざるなり。予に於て何ぞ誅めんやと。子曰く、始め吾の人に於けるや、其の言を聴きて其の行を信ぜり。今吾の人に於けるや、其の言を聴きて其の行を観る。予に於て是を改めたりと。

――公冶長篇――

昼寝をしていた宰予は、いい気持になって眼をさました。あたりは森としている。彼は大きく背伸びして、欠伸を一つすると、のろのろと寝台を下りた。それから椅子に腰をかけて卓に頬杖をつきながら、ぼんやりと窓の外を眺めた。

中庭の石畳には、もう日がかげっている。雀が二三羽、急にそこから飛び立って、屋根にとまった。屋根瓦の頂上が黄色い夕日の光を反射している。その光の中に、雀が点々と真黒にならんだ。

少し寝過ぎたかな、と彼は思った。そして少し緊張した顔になって耳を澄ました。

遠くの室から、かすかに話声が聞えて来る。

（やはり寝過ぎたのだ。）

そう思って彼は少しうろたえた。そして椅子から立上ると、そそくさと室を出ようとした。しかし、彼は戸口のところまで行くと、急に立止まって、眼を床に落した。

（何か口実がないと工合が悪い。）

それからしばらく、彼は足音を立てないように、そろそろと室内を歩きまわった。歩きながら、何度も首をふったり、うなずいたりした。そして、再び卓のところに戻って、着物の袖でしきりに眼をこすっていたが、それが終ると、すました顔をして室を出て行った。

廊下を伝って、みんなの集っている室の前まで行くと、彼はもう一度立止まって耳を澄ました。中ではもうかなり話がはずんでいる。孔子の声もはっきり聞きとれる。彼はまた、しきりに首をふった。が、とうとう思い切って戸をあけた。

話声がぴたりと止まって、みんなの視線が一せいに彼に注がれた。彼は、足の下から床が地の底に落ちて行くような気がして、膝ががくがくした。しかし、ともかくも孔子の前まで行って、つとめて平気を装いながら、お辞儀をした。

孔子はちょっと彼の方に視線を向けた。彼はその機を捉えて何か云おうとしたが、うまく口が滑らなくて、苦しそうに唾を呑んだ。

「そこで……」

と孔子はすぐみんなの方を向いて話し出した。

「[*1]一緒に学ぶことの出来る人はあっても、一緒に道に精進することの出来る人は少いものじゃ。」

宰予は自分のことを云われているような気がして、棒立ちになったまま動かなかった。孔子の言葉はなだらかにつづいた。

「また、一緒に道に精進することの出来る人はあっても、いざという時に微動だもしない信念に立って、行動を共にしうる人は稀なものじゃ。」

宰予は、これは自分のことに限ったことでは無いらしいと思って、少し気がゆるんだ。しかし、すぐそのまま自分の席につくのも変なような気がして、まだ立ったままでいた。

「けれども……」

と、孔子は少し体を乗り出して、

「そこまでは、いわば人間進歩の型じゃ。どれほど信念が堅固でも、それが型である間はまだ窮屈じゃ。ほんとうに事を共にするには足りない。型を脱却し、千変万化する現実の事態に即応して、自由に誤りなく生きうる人であって、はじめて事を共にすることが出来るのじゃ。だが、そのような人は、めったにあるものではない。」

宰予は、恐ろしく難かしい話のようにも思ったが、一方、臨機応変の才ならば、自分もめったに人には負けないぞ、といったような気もした。とにかく彼は気がすっかり楽になって、自分の席に着こうとした。

話をやめて、彼の様子を見守っていた孔子は、彼が将に席に着こうとする瞬間に、

「宰予！」

と呼んだ。その声は、あまり高くはなかったが、宰予の胸をどきりとさした。

宰予は、曲げかけた膝を伸して、また棒立ちになった。

「お前には全く用のない話じゃ、あちらで休んでいたらいいだろう。」

みんなが一せいに孔子を見た。それから視線は次第に宰予の顔に集った。宰予は、音のしない嵐の中で、体がくるくると舞っているような気がした。しかし、意識だけは、まだはっきりしていた。彼は早口に云い出した。

「遅刻いたしまして相すみません。しかし……」

「しかし？」

と、孔子が鸚鵡がえしに云った。宰予は二の句をつぐのに、一寸たじろいた。孔子は畳みかけて、

「もし昼寝の言訳ならば、よした方がいい。それは過ちの上塗をするばかりじゃ。」

宰予はすっかり狼狽した。しかし、そうなると、ますます何とか云わないでは居れないのが彼の性だった。

「実は……」

すると孔子の顔は見る見る朱を注いだ。

「宰予！」

と、彼は、宰予だけでなく、みんなの者に思わず頭を垂れさせたほど、悲痛な声

で叫んだ。

「お前は過ちを三重にも四重にも犯そうというのか。それではお前はもう雨ざらしの材木か、ぼろ土で固めた塀も同然じゃ。雨ざらしの材木には彫刻は出来ぬ。ぼろ土の塀は、いくら上塗をしても、中から崩れるばかりじゃ。」

そう云って孔子は宰予から眼を放した。それから急に声を落して、

「つい大きな声を出して、みんなには済まなかった。もう何も云うまい。宰予を責めても甲斐のないことじゃ。」

宰予は、ふらふらとなるのを、精一杯こらえて立っていた。しばらくは誰一人口を利く者がなかった。うす暗くなって行く室に、暑苦しい空気が一杯にこもって、みんなは森として汗ばんでいた。

「宰予はしばらく一人でよく考えて見るがいい。」

孔子のやさしい声が沈黙を破った。しかし、みんなはまだ緊張をつづけていた。その中を、宰予は沢山の眼に見送られながら、悄然として室を出た。

宰予の足音が消えると、孔子は、いかにも淋しそうに眼を伏せながら云った。

「これまで、わしは、みんなめいめいに口で云う通りに実行しているものとばかり

信じていたものじゃ。しかし、もうこれからは、そうは行かない。云う事と行う事とが一致しているか、はっきりと突きとめないと、安心が出来なくなってしまった。宰予のようなこともあるのでな……しかし人を疑うのは淋しい気がするものじゃ。」

門人たちは首を垂れたまま、身じろぎもしなかった。

[*2]「いつも云うことじゃが過って改むるに躊躇してはならぬ。過ちは誰にもある。それは一時の事じゃ。しかし、過って改めなければそれこそ救いがたい過ちで、生涯を過り通すことになってしまう。また、一口に過ちといっても、それには小人の過ちもあれば君子の過ちもある。過ち次第では、それによってその人に仁のきざしがあるのを知ることも出来るのじゃ。しかし何を云っても口先で人を云いくるめようとする心だけは宜しくない。そんな事を許して置けば第一人間同志の生活に信がなくなる。信は人と人とを結ぶ大切な楔で、たとえて云えば牛車の輗や馬車の軏のようなものじゃ。輗や軏を取り去れば、車は牛車から離れて一歩も動かぬ。世の中もその通りじゃ。信がなくてはどうにもならぬ。だから、ほかの過ちはとにかくとして、かりそめにも口先のごまかしだけは、おたがいに慎みたいものじゃ。」

孔子は諄々として説いて行った。説き終って、しばらくじっと眼を閉じていたが、

ふと何か思い当ったように、眼を開いて、

「[*3]しかし、悪いのは宰予（さいよ）だけではない。今はどちらを向いても口先だけで生きようとする人ばかりじゃ。虚心に自分の過失を見つめて、真面目に自分を責める者は殆（ほとん）どないといってもいい。それを思うと世の中は真暗（まっくら）じゃ。しかし、考えて見ると、そんな世の中であればこそ、おたがいにますます精進する必要もある。いい機会じゃ。みんなも反省するがいい。自分に教えてくれる者は、必ずしも善い人とばかりは限らぬからな。三人行えば吾（わ）が師ありじゃ。善い人を見たら見習えばいいし、悪い人を見たら自ら省（かえり）みればいい。宰予（さいよ）もその意味ではみんなの先生じゃ。憎んではならぬ。さげすんでもならぬ。ただめいめいに自分を省（かえり）みさえすればそれでいいのじゃ。」

そう云って、孔子は座を立った。

その夜、孔子の室（へや）では、孔子と宰予（さいよ）とが二人きりで対坐（たいざ）して、永いこと話していた。孔子は、昼間他の門人たちに云ったことや、そのほかいろいろの言葉を以（もっ）て宰予（さいよ）を戒めた。その中には、

「[*4]人間というものは、正直でなければ生きられない。それが常理である。不正直で生きているものもあるが、それは幸にして免れているに過ぎない。」

とか、

「[*5]真の君子になりたければ、口は唖同様でもかまわぬから、ただ身を以て行え。」

とか、

「[*6]学問は自分のためにするので、他人のためにするのではない。古の学者は、よくこの道理を心得ていたものじゃが、今の学者は、人に見せるための学問をしたがっていけない。」

とか、いうような意味のことがあった。

宰予は無論、唯々として孔子の話を聞いた。しかし、まだどうしても心からしみじみとした気持には成れなかった。彼には、

（不幸にして自分は昼寝を見つかったのだ。）

という気があった。

（沈黙していたんでは、世間は容易に自分を買ってくれない。）

という考えもあった。また、

(学問は自分のためだと云っても、結局世間を相手にしなくては、意味のないことだ。)

といったような理窟も、心の中でこねて見た。

宰予の不徹底さが、孔子の眼に映じないわけはなかった。孔子は、前途遼遠だ、という感じを抱きながら、最後に云った。

「人[*7]の心というものは、天意に叶わないうちは、のびやかな気分にはなれないものじゃ。恐らく、今のままでは、お前は永久に心が落ちつくまい。……しかし今夜はもう晩い、帰ってお休み。」

宰予は解放された喜びで立上った。しかし彼の心の底には、極めてかすかではあったが、まだ経験したことのない、変な淋しさが芽を吹き出して、いくぶんかでも、彼の心をまじめにしていた。

＊1　子曰く、与に共に学ぶべし、未だ与に道に適くべからず。与に道に適くべし、未だ与に立つべからず。与に立つべし、未だ与に権るべからずと。(子罕篇)

＊2　子曰く、……過ちては則ち改むるに憚ることなかれと。(学而篇、子罕篇)

子曰く、過ちて改めざる、是を過と謂うと。（衛霊公篇）

子曰く、人の過や、各其の党に於てす。過を観て斯に仁を知ると。（里仁篇）

子曰く、人にして信無くんば其の可なるを知らざるなり。大車に輗なく、小車に軏なくんば、其れ何を以て之を行らんやと。（為政篇）

＊3　子曰く、已ぬるかな、吾未だ能く其の過を見て、内に自ら訟うる者を見ざるなりと。（公冶長篇）

子曰く、三人行えば必ず我が師あり。其の善なる者を択びて之に従い、其の不善なる者にして、之を改むと。（述而篇）

＊4　子曰く、人の生や直し。之を罔いて生くるや、幸にして免るるなりと。（雍也篇）

＊5　子曰く、君子は言に訥にして、行に敏ならんことを欲すと。（里仁篇）

＊6　子曰く、古の学者は己の為めにし、今の学者は人の為めにすと。（憲問篇）

＊7　子曰く、君子坦かにして蕩蕩たり。小人は長えに戚戚たりと。（述而篇）

觚、觚ならず

子曰く、觚、觚ならず。觚ならんや、觚ならんやと。

——雍也篇——


「先生、買って参りました。」

そう云って、門人の一人が、孔子の前に、十ばかりの觚を箱から出してならべた。

觚はその当時の酒器の一種である。

孔子は、一々それを手にとって仔細に眺めていたが、いいとも、悪いとも云わないで、じっと考えこんだ。門人は手持無沙汰で立っていた。しかし、いつまでたっても、孔子が黙りこんでいるので、お辞儀をして、そのまま室を出ようとした。すると孔子が云った。

「これが觚というものかな。」

門人は、不思議そうな顔をして、孔子を見た。彼は、孔子が觚を知らないわけはない、と思ったのである。

「觚には稜があるはずじゃ。もともと觚というのは、稜という意味じゃでの。」

門人は可笑しくなった。今ごろ名称なんかにこだわって、どうするつもりだろう。そんな昔風の觚が、何処の店を探したってあるものではない、と思った。で、彼は微笑しながら答えた。

「それがこのごろの觚でございます。」

孔子は、しかし、いよいよ真面目な顔をして云った。

「そうか、これがこのごろの觚か。……いや、これは觚ではない。觚ではない。」

門人は当惑した。彼は一生懸命で弁明するように云った。

「でも、どこの家でも今ではその型のものを使っています。第一、稜のある觚なんか、店で売っておりませんので。」

「ふむ、売っていないのか。しかし、これは觚ではない。觚ではない。歎かわしいことじゃ。」

孔子は首をふった。それから、眼をとじて、また考えはじめた。

門人はいよいよわけが解らなくなった。彼は、おずおず、孔子の前に並んでいる觚を重ねはじめた。すると孔子は、急にやさしい声をして云った。

「まあ、お掛け。觚はそのままでいい。」

門人が腰をかけると、孔子はしずかに話し出した。

「何物でも、その特質を失うことは、よくないことじゃ。そこに道の紊れるもとがある。」

門人は、孔子が何を考えていたかが、やっとわかって、急にいずまいを正した。

「人間には人間の特質がある。その特質を守るところに人間の道があるのじゃ。とりわけ中庸の徳は至高至善のもので、それを忘れたら、名は人間であっても、人間の実があるとは云えない。」

ここで孔子は、ふたたび、自分の前に並んでいる觚を、まじまじと見つめた。そして、いかにも思い入ったように云った。

「名実相伴わない世の中になって、もう久しいものじゃのう。」

門人は、ただうなずくより仕方がなかった。

「いや、これはつい繰言になってしまった。……では、あちらに行ってお休み、ご苦労であった。」

孔子はそう云って、窓の方に立って行った。門人もすぐ立上ったが、觚をどう始末したものか、しばらく迷った。そして、きまり悪そうに孔子に訊ねた。

「では、この觚は店に戻すことにいたしましょうか。」

孔子は、急に声を立てて笑いながら、門人をふりかえった。

「いや、それはそれでいい。觚は酒を注ぐための道具じゃ。酒さえ注げれば、稜があろうと無かろうと、構うことはない。箱に入れて、あちらにしまって置いてくれ。」

門人は、いくたびか首をかしげながら、觚を箱に納めて室を出た。

＊1　子曰く、中庸の徳たるや、其れ至れるかな、民鮮きこと久しと。（雍也篇）

申棖の慾

子曰く、吾未だ剛なる者を見ずと。或ひと対えて曰く、申棖ありと。子曰く、棖や慾あり。焉んぞ剛なるを得んと。

——公冶長篇——

孔子は、大丈夫だと思っていた門人たちが、一旦官途につくと、とかく毅然としたところがなくなって、権臣たちと妥協しがちになるのを、もどかしく思っていた。で、このごろ門人たちの顔さえ見ると、

「剛い人間がいない、剛い人間がいない。」

と云って、歎いてばかりいる。

多くの門人たちには、それが不思議でならなかった。仁者とか、知者とか、中庸の徳を具えた人とか云うのならとにかく、単に剛いというだけのことなら、いくら

もそんな人がいるはずだ、と思った。誰の頭にも、その第一人者として、すぐ子路が思い出されるのだった。また、若い門人のうちでなら、申棖という元気者もいた。申棖は、まだ二十歳を二つ三つしか越していないが、毛むくじゃらな顔に、大きな眼玉を光らしていた。議論になると、破鐘のような声を出して相手を圧倒する。負嫌いで、先輩だろうと何だろうと遠慮はしない。どうかすると、その頑丈な肩を聳やかして、腕ずくで来い、と云わぬばかりの恰好をすることがある。大ていの門人たちは、彼には弱らされた。孔子ですら手こずることがしばしばあった。

　若い門人たちは、弱らされながらも、彼を痛快がった。彼等は、多くの先輩たちが、孔子の前に出るといやに遠慮がちで、云いたいことも云えないでいるくせに、若い門人に対すると、とかく高飛車に出たがるのが、気に喰わなかった。その先輩たちを相手に、申棖はいつも思う存分のことを云ってのける。時には無茶だと思われるようなことまで云うのだが、彼等としては、いつも自分たちの代弁でもして貰っているような気がして、愉快にならざるを得ない。その意味で、彼は彼等仲間の人気者であり、相当に尊敬されてもいた。そして、誰云うとなく、

（剛いと云えば、何といっても申棖だ。先輩の子路だって及ぶところではない。）

というのが、彼等仲間の定評になってしまっていた。で、ある日、彼等のうち数名の者が孔子の室で教えをうけていたおり、例によって孔子が、「剛い人間がいない。」という話をし出すと、待っていたと云わぬばかりに、一人が云った。

「申棖は如何でしょう。」

孔子はけげんな顔をしてしばらく彼等の顔を見ていた。そして憐むような眼をしながら答えた。

「申棖には慾がある。」

門人たちは変な答えだと思った。第一、申棖が慾ぶかな人間だとは思えない。むしろ、金なんかに冷淡すぎるほど冷淡なのが、彼の持前である。彼は、金を貯めることの上手な子貢に対して、反感さえ抱いている。むろん、顔回ほどに貧富に超越しているとは云えないだろうが、それでも、孔子に慾があると云われるような人物でないことは、たしかである。また、かりに慾の深い人間であるとしても、剛い人間であることだけは、断じて間違いがない。それは彼の日常が証明していることだし、現に孔子だって、申棖の頑張りには手こずっているくらいなのだから。

彼等はそんなことを考えた。で、一人がすぐ反駁するように云った。

「先生、申棖に慾があるとは、少しおひどいと思います。」

孔子は微笑した。

「ひどいと思うのか。じゃが、わしは申棖こそ誰よりも慾のきつい男じゃと思っている。」

門人たちは、呆れたような顔をして孔子を見た。孔子は云った。

「金銭が欲しいばかりが慾ではない。慾はさまざまの形であらわれる。申棖が負嫌いで我執が強いのもその一つじゃ。慾というのは、理非の弁えもなく、人に克とうとする私心を指していうのじゃ。天理に従って金を貯めるのは慾ではない。これに反して、かりに金には冷淡でも、私情にかられて人と争えば、それはまさしく慾というものじゃ。申棖は慾がきつい。あんなに慾がきつくては、剛いとは云えまい。」

門人たちは、慾というものがそんなものなら、なるほど申棖は慾がきついにちがいない、と思った。しかし、なぜ彼を剛いと云えないのかは、まだはっきりしなかった。で、不思議そうな顔をして、孔子を見守った。

「わからぬかの。」

と、孔子は歎息するように云った。

「剛いというのは、人に克つことではなくて、己に克つことじゃ。素直に天理に従って、どんな難儀な目にあっても、安らかな心を持ちつづけることじゃ。」

門人たちは、一せいに頭を下げた。すると孔子は笑いながら云った。

「しかし、お前たちはまだまだ申棖に学ぶがいい。申棖があんなに頑張るのも、金や権勢のためではなくて、天理を求めるためなのだから。」

門人たちは、きわどいところで、自分たちの急所をつかれたような気がした。彼等はいくたびかおたがいに顔を見合せた。そして、きまり悪そうな顔をして、こそこそと孔子の室を退いた。

大廟に入りて

子大廟に入りて、事毎に問う。或ひと曰く、孰か鄹人の子礼を知ると謂うか。大廟に入りて事毎に問うと。子之を聞きて曰く、是れ礼なりと。

——八佾篇——

子曰く、由や、女に之を知るを誨えんか。之を知るを之を知ると為し、知らざるを知らずと為す。是れ知るなりと。

——為政篇——

魯では、その年、大廟の祭典を行うのに人手が足りなかった。もっとあからさまに云うと、祭典の儀式に最も明るかった人が病気なので、臨時にその代りをつとめる人が、是非必要だったのである。

大廟には、魯の始祖周公旦が祭ってある。その祭典が、国として最も重要な祭典であることは、云うまでもない。従って、儀式の面倒なことも、この上なしである。よほど礼に明るい人でないと、下ッぱの役目でも勤まりそうにない。況んや、もっとも大切な役目を、大廟の奉仕には直接経験のない人に勤めさせようというのだから、その人選がなかなかむずかしい。あれかこれかと詮議の末、やっと白羽の矢が孔子に立てられた。

孔子は、当時まだ三十六七歳にしかならなかったが、すでに多くの門人もあり、その学徳は国の内外に聞えていた。ことに、礼についての彼の造詣は、推薦者の言によると、天下にならぶ者がなかった。それだけに、彼に対する期待も大きかったが、なにぶん、年が若いというので、一部では、彼を危ながっているものもないではなかった。ことに、永らく大廟に奉仕している人たちの間には、変な猜み心から、いろいろの取沙汰が行われていた。

さて、いよいよ祭典の準備がはじまって、孔子もはじめて大廟に入ることになったが、その日は、彼に好意を持つ者も、持たない者も、たえず彼に視線を注いで、その一挙一動を見まもっていた。

ところで、彼等の驚いたことには、孔子は先ず祭官たちに、祭器の名称や、その用途を訊ねた。そして、一日じゅう、それからそれへと、その取扱いかたや、儀式の場合の坐作進退のこまごましたことなどを、根掘り葉掘り訊ねるのであった。

「何という見当ちがいでしょう。これでは、まるで五つ六つの子供を雇い入れたのも同じではありませんか。」

「評判なんて、あてにならないものですね。」

「ふん。どうせ山師でしょう。仕官も出来ないくせに、門人ばかり集めて、いかにも学者ぶっているところを見ても、ろくな人間でないことは、はじめからわかっていますよ。」

「ご尤もです。第一、私共のように、永年こうして奉仕していても、なかなか覚えられないほどの儀式が、あの田舎者の若造に、そうやすやすとのみこめるわけがありませんからね。そんなことぐらい、その筋でもわかりそうなものですが……。」

「当局の非常識にも、全く呆れてしまいますね。」

「いずれ非常識の酬いが来るでしょう。しかし、今度ばかりはわれわれに責任がありませんから、どんなしくじりがあっても、安心ですよ。」

「そう云えばそうですね。しかし、本人の大胆さには驚くではありませんか。あれでやっぱり本気なんでしょうか。」

「さあ、それは本人に聞いて見ないとわかりますまい。しかし、無神経なことはたしかですよ。あんなつまらんことを一々訊ねて、恥かしそうにもしていませんからね。」

「恥かしいどころか、それが当りまえだといったような顔をしていますよ。」

「ああ真面目くさって訊かれたんでは、茶化すわけにも行きませんし、困りましたよ。」

「何しろ、おたがいもいい面の皮でさあ。教えてやった揚句に、その下役に使われるなんて。」

「いや、年はとりたくないものです。」

「それにしても、あんな青二才を、鄒の片田舎から引っぱり出して来て、礼の大家だなんて云い出したのは、一たい誰でしょう。人を馬鹿にするにもほどがあるではありませんか。」

「今更、そんなことを詮議立てして見たところで始まりますまい。それよりか、礼の大先生の現代式祭典のやり方でも覚えこんで、われわれも、もっと出世をする工夫をした方が利巧でしょう。」

「いや、なるほど。そう事がきまれば文句なしです。はッはッはッ。」

　孔子の姿が見えないところでは、あちらでも、こちらでも、そうした失望やら、嘲笑やら、憤慨やらの声がきこえた。孔子は、それを知ってか、知らないでか、一とおり質問を終ると、みんなに丁寧に挨拶をして、その日は一旦退出した。

　心配したのは孔子の推薦者であった。彼とても、孔子の力量を実際に試して見たわけではなく、世評と、孔子の門人たちの言葉を信頼していたに過ぎなかった。で、彼は、大廟内の噂を耳にすると、すぐ子路のところに駆けつけた。事柄が事柄だけに、直接孔子に会うのも憚られたし、それに、こんな場合、何もかもぶちまけて相談の出来そうなのは、孔子の門人のなかでは子路が一番だ、と思ったからである。

　子路は、一とおり話をきくと、大声を出して笑った。

「ご安心なさい。貴方のご迷惑になるようなことは断じてありません。……しかし、先生も先生だ。そんな児戯に類するようなことをして、皆さんにご心配をおかけしなくてもよさそうなものだ。……どうです、これからご一緒に先生のお宅にお伴しましょう。私にも少し文句があるんです。ぶちまけてお話をして、先生のお考えも承ろうではありませんか。そしたら貴方もいよいよご安心でしょう。」

で、早速二人は孔子の門をくぐった。

子路は、孔子の顔を見るなり、お辞儀もそこそこに、来意を告げた。そして例の大声を張りあげて、詰問でもするように云った。

「僕は、先生のその流儀が、どうも腑に落ちないのです。こんな時こそ、先生は堂々と、ご自分のお力をお示しになるべきではありませんか。だのに、わざわざ、田舎者だの、青二才だのと云われるようなことを、どうしてなさるのです。」

「私の力を示すというと？」

孔子は顔色一つ動かさないで云った。

「むろん、先生の学問のお力です。」

「学問というと、何の学問かな。」

「それは今度の場合は礼でしょう。」

「礼なら、今日ほど私の全心を打込んだところを、皆さんに見ていただいたことはない。」

「すると、先生の方からいろいろお訊ねになったというのは、嘘なんですか。」

「嘘ではない。何もかも皆さんに教えていただいたのだ。」

「何だか、さっぱりわけが解りませんね。」

「子路（しろ）、お前は、一体、礼を何だと心得ている。」

「それは先生にふだん教えていただいているとおり……。」

「坐作進退（ざさしんたい）の作法だというのか。」

「そうだと思います。ちがいましょうか。」

「むろんそれも礼だ。それが法に叶わなくては礼にはならぬ。しかし礼の精神は？」

「先生に承（うけたまわ）ったところによりますと、敬（つつ）しむことにあります。」

「そうだ。で、お前は、今日私がその敬（つつ）しみを忘れていた、とでも云うのかね。」

子路（しろ）の舌は、急に化石したように、硬（こわ）ばってしまった。孔子はつづけて云った。

「かりそめにも大廟（たいびょう）に奉仕するからには、敬（つつ）しんだ上にも敬（つつ）しまなくてはならない。私は、先輩に対する敬意を欠きたくなかったし、それに従来の仕来（しきた）りについて、一応のおたずねもして見たかったのだ。それをお前までが問題にしようとは夢にも思わなかった。しかし……」

と、彼は一二（いちに）秒ほど眼をとじたあとで、

「私にも十分反省の余地があるようだ。元来、礼は敬しみに始まって、調和に終らなければならない。然るに、今日私が皆さんにお訊ねした結果、皆さんのお気持を害したとすると、私のどこかに、礼に叶わないところがあったのかも知れない。この点については、私もなお篤と考えて見たいと思っている。」

子路はますます固くなった。孔子の推薦者は、さっきから二人の話を落ちつかない風で聴いていたが、孔子の言葉が終ると、急に立上って、挨拶もそこそこに辞し去った。

孔子は、子路と二人ぎりになってからも、眼をつぶってしばらく考えこんでいたが、ふと何か思い当ったように云い出した。

「子路、お前は、何よりも剣が好きだ、と云ったことがあるね。」

「はい。」

「学問が何の役に立つか、と云ったこともあるね。」

「はい。」

「だが、今では、学問の大切なことは、十分わかっているだろう。」

「それは申すまでもございません。」

「ところでお前には、まだ学問をするほんとうの心構えが出来ていない。」

「と申しますと？」

「現に今日もお前は、よく考えもしないで、私の方に飛びこんで来たのではないかね。」

「申しわけありません。」

「[*1]学問に大切なことは、学ぶことと考えることだ。学んだだけで考えないと、道理の中心が摑めない。だからいつも行き当りばったりだ。丁度真暗な室で、柱をなでたり、戸をなでたりするようなもので、個々の事柄を全体の中に統一して見ることが出来ないのだ。むろん考えただけで学ばないのもいけない。自分の主観だけに捉われて、先人の教えを無視するのは、丁度一本橋を渡るように危いことだ。向うまで行きつかないうちに、いつ水の中に落ちこむか知れたものではない。事柄によっては、いくら考えても何の役にも立たない事さえあるのだ。[*2]いつだったか、私は、食うことも寝ることも忘れて一昼夜も考えこんだことがあるが、何一つ得るところがなかった。そんな時、古聖人の残された言葉に接すると、一遍に道理がわかるのだ。とにかくどちらも軽んじてはいけない。学びつつ考え、考えつつ学ぶ、これが学問の要諦だ。ところでお前は、そのどちらもまだ十分でない。それも、結局、お前に敬しむ心がないからではないかね。」

孔子の言葉は、容易に終りそうにない。

「道は一つだ。心に敬しみさえあれば、物事を軽率に判断することもなかろうし、わかりもしない事をわかったように見せかけることもないだろう。」

「別に、わからない事をわかったように見せかけたつもりはありませんが……」

子路は、少し不服そうに、言葉をはさんだ。

「そうか、そう自分では信じているのか。」

「少くとも、今日の事では……」

「ふむ。するとお前は、お前自身何を考え、何をやっているのかさえ、よくはわかっていないようだな。」

孔子もまだ若かった。彼の言葉には、かなりの辛辣さがあった。

「お前がさっきの人をつれて、ここにやって来た時には、お前は何もかも知りぬいた人のような顔をしていたのだ。礼のことも、そして私が今日大廟でどんな心でいたかも。」

「それは全く私の誤解でした。」

「誤解？　なるほど人間には誤解というものがある。そして、もしそれが敬しみに敬しんだ上での誤解であるならば、許されてもいい。しかし、万一にも、自分を誇示したい念が急なために生じた誤解であるとすると、それは最早や誤解でなくて虚偽だ。自分自身に対する不信だ。生命の真の願いを自ら暗ますものだ。そしてそれが人間をして無知ならしめる最大の原因だ。お前には、まだここの道理がよくのみこめていない。だから人一倍無知を恥じていながら、却って知が進まないのだ。自分は真に何を知っているのか、また何を知らないのか、それらをつつましい心で十分に反省して、知っていることを知っているとし、知らないことを知らないとする、そうした自他を偽らない至純な気持になってこそ、知は進むのだ。要するに、知は他人に示すためのものではない。それは自分の生命を向上せしむる力なのだ。そしてまことの知は、ただ遜る者のみに与えられる。このことをいつまでも忘れないでいて貰いたい。」

孔子の顔は、そこで急にやさしくなった。そしてうなだれている子路を、いかにも労わるような眼で見やりながら、

「それさえ覚えていて貰えば、わしはもうお前に何も云うことはない。お前はその勇気——自他ともに許しているその勇気を、これからは、お前自身の心の中の敵に向けさえすればいいのだ。遜(へりくだ)る勇気、敬(つつ)しむ勇気、——どうだ、子路(しろ)、何とも云えない、いい響きをもった言葉ではないか。この言葉をくりかえしているだけでも、わしは、私の眼の前に、深い、明るい、しかも力強い世界が現われて来るような気がしてならないのだ。」

子路(しろ)の睫毛(まつげ)には、その時、かすかに光るものが宿っていた。

孔子は、子路(しろ)が帰ったあと、永いこと黙想(もくそう)にふけった。そして、翌日からの大(たい)廟(びょう)における彼は、従来の儀式の誤った点を正し、欠けたところを補い、終日謹厳(きんげん)そのもののような姿をして、祭官(さいかん)たちを指揮していた。

＊1　子曰く、学んで思わずば則ち罔(くら)し。思うて学ばずば則ち殆(あやう)しと。(為政(いせい)篇)

＊2　子曰く、吾嘗(われかつ)て終日食わず、終夜寝(い)ねず、以(もっ)て思う。益(えき)無し。学ぶに如(し)かざるなりと。(衛霊公(えいれいこう)篇)

豚を贈られた孔子

陽貨、孔子を見んと欲す。孔子見えず。孔子に豚を帰る。孔子其の亡きを時として、往きて之を拝す。諸に塗に遇う。孔子に謂いて曰く、来れ、予爾と言わんと。曰く、其の宝を懐きて其の邦を迷わすは、仁と謂うべきかと。曰く、不可なりと。事に従うを好みて亟時を失うは、知と謂うべきかと。曰く、不可なりと。日月逝き、歳我と与にせずと。孔子曰く、諾、吾将に仕えんとすと。

――陽貨篇――

「なに？　陽貨からの贈物じゃと？」

孔子は、自分のまえに、台にのせて置かれた大きな豚の蒸肉を眺めて、眉をひそめた。

陽貨は、魯の大夫季平子に仕えていたが、季平子が死んで季桓子の代になると、巧みに彼を自家薬籠中のものとし、遂に彼を拘禁して、魯の国政を専らにしていた。孔子は、その頃、すでに五十の坂をこしていたが、上下こぞって正道を離れているのを嘆いて、仕官の望みを絶ち、ひたすらに詩書礼楽の研鑽と、青年子弟の教育とに専念していた。陽貨としては、孔子が野にあって、厳然として道を説いているのが、何よりも恐ろしかった。で、出来れば彼を自分の味方に引き入れたい、少くとも一度彼に会って、自分が賢者を遇する道を知っている人間であることを示して置きたい、と思っていた。

彼は、使を遣わして、いく度となく孔子に会見を申しこんだ。孔子は、しかし、頑として応じなかった。応じなければ応じないほど、陽貨としては、不安を感じるのだった。

で彼は遂に一策を案じ、わざわざ孔子の留守をねらって、豚の蒸肉を贈ることにしたのである。礼に、大夫が士に物を贈った時、士が不在で、直接使者と応接が出来なかった場合には、士は翌日大夫の家に赴いて、自ら謝辞を述べなければならないことになっている。陽貨はそこをねらったわけであった。

さすがに、孔子も一寸当惑した。彼はしばらく豚肉を睨んだまま考えこんだ。

（礼にそむくわけには行かない。しかし、無道の人に招かれて、たとい一日たりともこれを相けるのは士の道でない。況んや策を以て乗じられるに於てをやである。）

孔子は、ぬかりなく考えた。そして遂に一策を思いついた。それは、相手の用いた策そのままを応用することであった。つまり、陽貨の留守を見計って、謝辞を述べに行こうというのである。

元来孔子はユーモリストではなかった。だから彼は、生真面目に考えて、そんなことを思いついたのである。しかし、思いついて見ると、いかにも可笑しかった。彼は思わず微笑した。同時に、何となく自分にはふさわしくないような気がし出した。たしかに彼のふだんの信念に照らすと、それは決して気持のいい策だとは云えなかったのである。そこに気がつくと、彼はもう笑わなかった。そして、ゆっくりと、もう一度考えなおした。しかし、それ以上のいい考えは、どうしても思い浮ばなかった。

（最善の策が見つからなければ、次善を選ぶより仕方がない。）

そう決心した彼は、翌朝人をやって、ひそかに陽貨の動静を窺わせた。

使者の報告にもとづいて、孔子が陽貨の家を訪ねたのは、午近いころであった。

すべては予期どおりに運んだ。彼は留守居のものに挨拶をことづけて、安心して帰途についた。ところが、どうしたことか、その途中で、ぱったり陽貨の馬車に出っくわしてしまったのである。

士たる者が、高官の馬車をみて、こそこそと鼠のように逃げるわけにも行かない。孔子は仕方なしに真すぐに自分の車を走らせた。陽貨は目ざとく彼を見つけて呼びとめた。そしてにやにやしながら、

「多分私の方にお越しであろうと存じまして、急いで帰って来たところです。ほんの一寸おくれまして、申しわけありません。」

孔子は、小策を弄する者にあっては叶わぬと思った。彼は観念して、云われるままに、再び陽貨の家に引きかえした。しかし、どんな事があっても、午飯の馳走にだけはなるまい、と決心した。

陽貨は、座につくと、いかにも熱意のこもったような口調で説き出した。

「比類のない徳を身に体していながら、国の乱れるのを傍観しているのは、果して仁の道に叶いましょうか。」

孔子は、陽貨も言葉だけでは、なかなか立派なことを云うものだ、別に逆らう必

要もあるまい、と思った。で即座に、

「如何にも、それは仁とは云えませぬ。」

陽貨はこれはうまいと思った。で、すぐ二の矢を放った。

「救世済民の志を抱き、国事に尽したいと希望しながら、いくら機会があっても出でて仕えようとしないのは、果して知者と云えましょうか。」

孔子は、これには多少意見があった。しかし、それを述べても、どうせ話を永びかすだけの効果しかないと思ったので、

「如何にも、それは知者とは云えませぬ。」

すると陽貨は、ここぞとばかり、三の矢を放った。

「時は刻々に流れて行きます、歳月は人を待ちませぬ。それだのに、貴方のような高徳有能の士が、いつまでもそうして空しく時を過ごされるのは、心得がたい事です。」

陽貨は、そう云って、非常に緊張した顔をして、孔子の答えをまった。

しかし、孔子の答えは、極めて無造作であった。彼は相手の言葉に軽くうなずきながら、

「なるほど、よくわかりました。私もなるべく早く、よい君主をみつけて仕えたいと存じています。」

彼は、そう答えると、すぐ立上った。そして丁寧に陽貨に敬礼をして静かに室を出た。

彼のために多分用意されていたであろう午飯を、彼の帰ったあと、陽貨がどんな顔をして、どう仕末したかは、孔子自身の関するところではなかったのである。

孝を問う

孟懿子、孝を問う、子曰く、違うことなかれと。樊遅御たり。子之に告げて曰く、孟孫、孝を我に問う。我対えて曰く、違うこと無かれと。樊遅曰く、何の謂ぞやと。子曰く、生には之に事うるに礼を以てし、死には之を葬るに礼を以てし、之を祭るに礼を以てすと。

――為政篇――

季孫、叔孫、孟孫の三氏は、ともに桓公の血すじをうけた魯の御三家で、世にこれを三桓と称した。三桓は、代々大夫の職を襲ぎ、孔子の時代には、相むすんで政治をわたくしし、私財を積み、君主を無視し、あるいはこれを追放するほど、専横のかぎりをつくして、国民怨嗟の的になっていた。

孔子は、一ころ定公の信任をうけて、中都の宰となり、司空となり、ついに大司寇となって、宰相の職務をも摂行するようになったが、この間、彼はたえず三桓の勢力を殺ぐことに努めた。そして、どうなり、叔・孟の二氏を閉息せしめることに成功したが、おしまいに、季氏を押さえる段になって、計画が水泡に帰し、一方、定公は斉の国の誘惑に乗って、季氏とともに美女にたわむれ、宴楽にふけり、いつとはなしに彼を疎んずるようになったので、彼も、ついに望みを魯の政治に絶ち、職をしりぞいて漂浪の旅に出ることになったのである。

だが、話は孔子がまだ官途について間もないころのことである。一日、孟懿子——孟家の当主——は、孔子を訪ねて、殊勝らしく孝の道を訊ねた。

孟懿子の父は孟釐子といって、すぐれた人物であり、その臨終には、懿子を枕辺に呼んで、そのころまだ一青年に過ぎなかった孔子の人物を讃え、自分の死後には、かならず孔子に師事するように言いのこした。懿子は、父の遺言にしたがって、それ以来、弟の南宮敬叔とともに、孔子に礼を学んで来たのであるが、彼の学問の態度には、少しも真面目さがなかった。彼が孝の道を孔子に訊ねたのも、父に対する思慕の念からというよりは、その祭祀を荘厳にして、自分の権勢を誇示したい底意からだった、と想像されている。

孟孫氏の家廟の祭が近まっていること、そしてその計画の内容がどんなものであるかを、うすうす耳にしていた孔子は、懿子の質問の底意を、すぐ見ぬいてしまった。で、彼はごく簡単に、

「違わないようになさるが宜しかろう。」

と答えた。

懿子は、その意味がわかってか、わからないでか、或は、わかっても知らん顔をする方が都合がいいと考えてか、重ねて問いただしても見ないで、帰って行ってしまった。孔子は、いくらかそれが気がかりにならないでもなかったのである。

（もし、孟孫氏に、はなはだしい僭上沙汰でもあれば、それは孟孫氏一家の問題だけでなく、魯の国の問題であり、ひいては天下の道義を紊ることにもなる。それに、万一、自分に一応の相談をした、とでも云いふらされると、これから自分がやって行こうとする政治の精神を、傷つけることにもなる。出来れば、自分の云った意味を、はっきりさして置くに越したことはない。しかし、祭典の計画について、直接の相談もうけないで、こちらからそれを云い出すのも非礼だ。何とか方法はないものだろうか。）

孔子はそんなことを考えて、いい機会の来るのをねらっていた。

ところが、ある日、樊遅が孔子の供をして、馬車を御することになった。樊遅は孔子の若い門人の一人である。武芸に秀でているために、孟孫氏に愛されて、しばしばその門に出入する。孔子は、彼ならば、自分の意志をはっきり孟懿子に伝えてくれるだろう、と考えた。

「先達て珍しく孟孫がたずねて来て、孝道のことを訊いていたよ。」

孔子は御者台にいる樊遅に話しかけた。

「はあ――」

「で、わしは、違わないようになさるがよい、と答えて置いた。」

「はあ――」

樊遅は何のことだがわからなかった。「違わない」というのは、親の命令に背かないという意味にもとれるが、孟懿子には、もう親はない。そう考えて、彼は手綱をさばきながら、しきりと首をひねった。

「どう思う、お前は？」

孔子は答えをうながした。しかし樊遅はもう一度「はあ。」と答えるより仕方がなかった。

　彼は、そう答えておいて、これまで門人たちが孝道について訊ねた時の孔子の教えを、彼の記憶の中から探して見た。先ず思い出されたのは、孟懿子の息子の孟武伯の問いに対する答えであった。

「[*1]父母は子供の病気を何よりも心配するものだ。」

ただそれっきりだった。いつも病気ばかりしている孟武伯に対する答えとして、それはあたりまえの事にすぎなかった。

　次は子游に対する答えである。

「[*2]現今では、親を養ってさえ居れば、それを孝行だと云っているようだが、おたがい犬や馬までも養っているではないか。孝行には敬の心が大切だ。もしそれがなかったら、犬馬を養うのと何のえらぶところもない。」

　これも別にむずかしいことではない。子游にいささか無作法なところがあるのを思い合せると、孔子の心持もよくわかる。

　もう一つは、子夏の問いに対する答えだが、それは、

「[*3]むずかしいのは温顔を以て父母に仕えることだ。親に代って仕事に骨を折ったり、

御馳走があるとそれを親にすすめたりするだけでは、孝行だとは云えない。」

と云うのであった。これも子游に対するのと大同小異で、少々怒りっぽい子夏に対する答えとしては、先ず当然だ。

そこまで考えて来て、樊遅はもう一度「違わない」という言葉の意味を考えて見た。

だが、やはりわからなかった。で、彼は、孝に関する、ありとあらゆる孔子の教えを、一とおり胸の中でくりかえして見た。

[*4]「父母の存命中は親のもとを離れて遠方に行かないがいい。もしやむを得ずして行く場合は、行先を定めておくべきだ。」

[*5]「父母の年齢は忘れてはならない。一つには、長生を喜ぶために、二つには、余命幾何もなきを懼れて、孝養を励むために。」

[*6]「父の在世中は、子の人物をその志によって判断され、父が死んだらその行動によって判断される。なぜなら、前の場合は子の行動は父の節制に服すべきであり、後の場合は本人の自由であるからだ。しかし、後の場合でも、みだりに父の仕来りを改むべきではない。父に対する思慕哀惜の情が深ければ、改むるに忍びないのが自

然だ。三年父の仕来りを改めないで、ひたすらに喪に服する者にして、はじめて真の孝子と云える。」

「閔子騫[*7]は何という孝行者だ。親兄弟が彼をいくら讃めても、誰一人それを非難するものがない。」

　こんな言葉がつぎつぎに思い出された。樊遅は、しかし、自分に実行が出来るか出来ないかは別として、言葉の意味だけは、そうむずかしいとは思わなかった。

（違わない、違わない、――何のことだろう。）

と、もう一度彼は首をひねった。そして最後に次の言葉を思い起した。

「父母[*8]に仕えて、その悪を黙過するのは子の道でない。言葉を和らげてこれを諫むべきだ。もし父母が聴かなかったら、一層敬愛の誠をつくし、機を見ては諫めて、違わないようにせよ。どんなに苦しくても、父母を怨んではならない。」

　樊遅は喜んだ。それはその中に、「違わない」という言葉が見つかったからである。しかし、数秒の後には、彼の頭は却ってそのために混乱しはじめた。というのは、さっき孔子のいった「違わない」と、この言葉の中の「違わない」とは、まるで意味がちがっていそうに思えたからである。後の場合の「違わない」は、第一、父母の存命中のことである。それに、前後の関係から判断しても、初一念を貫けという意味に相違ない。父母を亡くしたあとの「違わない」ということが、それと同じ意味だとは、どうしても思えない。言葉が同じなだけに、彼はいよいよ判断に苦しんだ。

「えらく考えこんでいるようじゃな。」

孔子はまた答えをうながした。樊遅は、少しいまいましいとは思ったが、とうとう兜をぬいでしまった。

「さっきから考えていますが、どうも私にはわかりません。」

「お前にわからなければ、孟孫にはなお更わかるまい。少し言葉が簡単すぎたようじゃ。」

「一体どういう意味なのでございましょう。」

「わしのつもりでは、礼に違わないようにしてもらいたい、と思ったのじゃ。」

「なるほど――」

樊遅は、案外平凡だという感じがして、こんなことなら、あんなに考えるのではなかった、と思った。

孔子はつづけた。

「つまり、父母の生前には礼を以て仕え、死後には礼を以て葬り、また礼を以て祭る、それが孝だというのじゃ。」

「しかし、そんな意味なら、今更先生に云われなくても、孟懿子もわかっていられるでしょう。もう永いこと礼を学んでいられるのですから。」

「さあ、わしにはそうは信じられない。」

「でも、近々行われるお祭は、ずいぶんご鄭重だという噂ですが……」

「お前もそのことを聞いているのか。」

「こまかなことは存じませんが、何でも、これまでとは比較にならぬほど、立派になさるご計画だそうです。」

「これまで通りではいけないのか。」

「いけないこともありますまいが、鄭重の上にも鄭重になさりたいのが、せめて子としての……」

「樊遅！」

と、孔子の声が少し高くなった。

「お前にも、まだ礼の心はよくわかっていないようじゃな。」

樊遅は思わず御者台からふりかえって、ちらりと孔子の顔を見た。孔子の顔には、別に変ったところは見られなかったが、その声には、ますます力がこもって来た。

「礼は簡に失してもならないが、また過ぎてもならない。過ぎたるはなお及ばざる[*9]がごとしじゃ。人間にはそれぞれに分というものがあるが、その分を上下しないところに、礼の正しい相がある。分を越えて親を祭るのは、親の霊をして非礼を享けしめることになるのじゃ。のみならず、大丈夫の非礼はやがて天下を紊るもとになる。親の霊をして天下を紊るような非礼を享けしめて、何が孝行じゃ。」

樊遅には、もうしろを振りかえる勇気がなかった。彼は、正面を向いたきり、石のように固くなって、殆ど機械的に手綱をさばいていた。

彼が孔子を送り届けたあと、すぐその足で孟懿子を訪ねたのはいうまでもない。そして、もし孟懿子が、自己の権勢を誇示するためでなく、真に死者の霊に奉仕したい一心から、祭典を行おうとしていたのだったら、樊遅のこの訪問は、彼にとって、すばらしい意義をもつことになったに相違ない。しかし、そのことについては、記録はわれわれに何事も告げてはいない。

＊1　孟武伯、孝を問う。子曰く、父母は唯その疾を之れ憂うと。（為政篇）

＊2　子游、孝を問う。子曰く、今の孝は、是れ能く養うを謂う。犬馬に至るまで、皆能く養うことあり。敬せずんば何を以て別たんやと。（為政篇）

＊3　子夏、孝を問う。子曰く、色難し。事有るときは弟子其の労に服し、酒食有るときは先生に饌す。曾て是を以て孝と為すかと。（為政篇）

＊4　子曰く、父母在さば遠く遊ばず。遊ばば必ず方ありと。（里仁篇）

＊5　子曰く、父母の年は知らざるべからざるなり。一は則ち以て喜び、一は則ち以て懼ると。（里仁篇）

＊6　子曰く、父在さば其の志を観、父没せば其の行を観る。三年父の道を改むること無きは、孝と謂うべしと。（学而篇）

＊7　子曰く、孝なる哉閔子騫。人其の父母昆弟の言を間せずと。（先進篇）

＊8　子曰く、父母に事えては幾諫す。志の従わざるを見ては、又敬して違わず、労して怨みずと。（里仁篇）

＊9　子貢問う。師と商とは孰れか賢れると。子曰く、師や過ぎたり、商や及ばずと。

曰く、然ば則ち師愈れるかと。子曰く、過ぎたるは猶お及ばざるがごとしと。
（先進篇）

楽長と孔子の眼

子、魯の大師に楽を語げて曰く、楽は其れ知るべきなり。始めて作すとき翕如たり。之を従てば純如たり。皦如たり。繹如たり。以て成ると。

——八佾篇——

魯の楽長は、式場から自分の控室に帰ると、少し自暴気味に、窮屈な式服を脱ぎすてて、椅子によりかかった。彼は、自分の心を落ちつけようとして、その芸術家らしい青白い頰に、強いて微笑を浮かべて見たり、両足を卓の上に投げ出して、わざとだらしない風を装って見たりしたが、そんなことでは、彼の気持はどうにもならなかった。

(奏楽の失敗が、もうこれで三度目だ。)

そう思うと、彼の心臓は、一滴の血も残されていないかのように、冷たくなった。

彼が、こんなに惨めな失敗をくりかえすようになったのは、不思議にも、孔子が司空の職を奉じて、彼の上に坐るようになってからのことである。孔子は、これまでの司空とちがって、非常な部下思いで、めったに怒った顔を見せたこともないのだが、どういうものか、いざ奏楽となると、楽長の手がにぶってしまう。むろん孔子は、音楽の道にずいぶん深くはいっている人だから、楽長としても、彼を甘く見るわけには行かない。しかし、そのために手が固くなるのだとは、楽長自身も考えていない。

(なるほど孔子は音楽の理論には長じているだろう。しかし、実際楽器を握っての技術にかけては、何といっても自分の方が玄人だ。)

そう彼は自信している。それにも拘らず、こう頻々と失敗するのは、どういうわけだろう。腹も立つ。恥かしくもある。しかし、事実は如何ともしがたい。

彼は、両手の指を髪の毛に突っこんで、卓の上に顔を伏せた。自分の腑甲斐なさが、たまらないほど怨めしくなって来る。そして、その感じは、次第に孔子に対する怨恨にすら変って行くのであった。彼は、それに気がつくと、おどろいて顔をあげた。そして、その忌わしい感じを払いのけるように、両手を胸の前で振った。

その瞬間、彼はちらと自分の眼の前にある光が横切るように感じた。孔子の眼の光である。湖のような静かな、しかもかすかに微笑を含んだ孔子の眼のかがやきである。彼は、ふと何か思い当ることでもあったように立上った。

（そうだ、あの眼だ！）

と、彼は心の中で叫んだ。

（あの眼にぶッつかると、俺は喉も手も急に硬(こわ)ばって来るような気がするんだ。今日もたしかにそうだった。俺の手が狂い出したのは、奏楽(そうがく)の最中に孔子の眼にぶッつかってからのことだ。）

彼は、部屋の中を歩きまわりながら、しきりに小首(こくび)をかしげた。しかし、しばらく歩きまわっているうちに、少し馬鹿々々しいような気がして来た。

（孔子の眼が、俺の音楽を左右するなんて、そんな馬鹿げたことがあるものか。）

彼は、忌々しそうに、窓からペッと唾を吐いて、青空を仰いだ。すると、彼は、そこにもう一度、ちらと孔子の眼を見た。相変らず微笑を含んだ深い眼である。

（やっぱり、あの眼だ。）

彼は、消え去った孔子の眼を追い求めるように、何もない青空を、いつまでも見つめていた。

「司空様がお呼びでございます。」

いつの間にはいって来たのか、一人の小姓が、彼のすぐ背後から、そう云った。彼は返事をする代りに、ばね仕掛の人形のように、卓のそばまで行って、せかせかと服装をととのえた。

彼は、孔子の部屋にはいるまで、ほとんど夢中だった。彼ははいって見て、森とした部屋の、うす暗い奥に、端然と坐っている孔子を見出して、はじめてわれにかえった。呼ばれた理由をはっきり意識したのも、その時であった。

彼は、しかし、もう狼狽えても恐れてもいなかった。粛然とした空気の中に、彼はかえって安堵に似た感じを味うことが出来た。そして、もう一度、

(やっぱり、あの眼だ。)

と、心の中でくりかえした。

孔子は楽長を座につかせると、少し居ずまいをくずして云った。

「どうじゃ、よく反省して見たかの。」

楽長は、自分の今日の失敗については一言も言われないで、まっしぐらにそんな

問いをかけられたので、かえって返事に窮した。

「それだけの腕があり、しかも懸命に努めていながら、三度び失敗をくりかえすからには、何か大きな根本的の欠陥が、君の心の中にあるに相違ない。自分で思い当ることはないのか。」

「どうも恥かしい次第ですが、思い当りません。」

「考えては見たのか。」

「それは、もう度々のことで、私としても考えずには居れません。」

「はっきり摑めないにしても、何か思い当ることがあるだろう。」

「それはあります、しかし、それがどうも、あまり馬鹿げたことでございまして。」

「案外馬鹿げたことでないかも知れない。はっきり云って見たらどうじゃな。」

「それにしましても……」

「やはり云えないのか。じゃが、わしには解っている。」

「は？」

「無遠慮に云うと、君にはまだ邪心があるようじゃ。」

楽長は邪心と云われたので、驚いた。さっき孔子を怨む心がきざしたのを、もう見ぬかれたのか知ら、と疑った。

孔子はそれに頓着なく、

「詩[*1]でも音楽でも、究極は無邪の一語に帰する。無邪にさえなれば、下手は下手なりで、まことの詩が出来、まことの音楽が奏でられるものじゃ。この自明の理が、君にはまだ体得出来ていない。腕は達者だが、惜しいものじゃ。」

楽長は、もう黙っては居れなくなった。

「先生、なるほど私は今日の失敗について、どうした機みか、一寸先生を怨みたいような気にもなりました。まことに恥かしい事だと思っています。しかし、奏楽の時に、私に邪心があったとは、どうしても思えません。私は、今度こそ失敗がないようにと、それこそ一生懸命でございました。」

「なるほど。……それで、どうして失敗ったのじゃ。」

「それが実に妙なきっかけからでございまして……」

「うむ。」

「先生のお眼にぶッつかると、すぐ手もとが狂い出して来るのでございます。」

「ふふむ。すると、わしの眼に何か邪悪な影でも射しているのかな。」

「どう致しまして。先生のお眼は、それこそいつも湖水のように澄んで居ります。」

「たしかにそうかな。」

「決してお世辞は申しません。」

「それがお世辞でなければ、お前の見る眼が悪いということになるのじゃが……」

楽長は、自分の見る眼が悪いとはどうしても思えなかった。で、

「そう仰しゃられますと、いかにも私に邪心があるようでございますが……」

と、残念そうな口吻で云った。

「楽長！」

と、孔子は急に居ずまいを正して、射るように楽長の顔を見つめながら、

「もっと思い切って、自分の心を掘り下げて見なさい。」

楽長は思わず立上って、棒のように固くなった。孔子はつづけた。

「君は、奏楽の時になると、いつもわしの顔色を窺わずには居れないのではないかな。」

楽長は、なるほど、そう云われれば、そうだ、と思った。しかし、それが自分に邪心のある証拠だとは、まだどうしても思えなかった。

孔子は、少し調子を柔らげて云った。

「もしそうだとすれば、それが君の邪心というものじゃ。君の心の中では、この孔丘という人間が、いつも対立的なものになっている。君は、はっきり意識していないかも知れないが、君の奏楽にとって、わしの存在は一つの大きな障碍なのじゃ。君の心はそのために分裂する。従って、君は完全に君の音楽に浸りきることが出来ない。そこに君の失敗の原因がある。そうは思わないかの？」

楽長はうなずくより仕方がなかった。孔子はそこでふたたび楽長を座につかせて、言葉をつづけた。

「音楽の世界は一如の世界じゃ。そこでは、いささかの対立意識も許されない。先ず一人々々の楽手の心と手と楽器とが一如になり、楽手と楽手とが一如になり、更に楽手と聴衆とが一如になって、翕如として一つの機をねらう。これが未発の音楽じゃ。この翕如たる一如の世界が、機到っておのずから振動を始めると、純如として濁りのない音波が人々の耳朶を打つ。その音はただ一つである。ただ一つであるが、その中には金音もあり、石音もあり、それらは厳に独自の音色を保って、決しておたがいに殺しあうことがない。皦如として独自を守りつつ、しかもただ一つの流れに合するのじゃ。こうして、時間の経過につれて、高低、強弱、緩急、さまざまの変化を見せるのであるが、その間、厘毫の隙もなく、繹如として続いて行く。そこに時間的な一如の世界があり、永遠と一瞬との一致が見出される。まことの音楽というものは、こうしたものじゃ。聴くとか聴かせるとかの世界ではない。まして、自分の腕と他人の腕を比べたり、音楽のわかる者とわからぬ者とを差別したりするような世界とは、似ても似つかぬ世界なのじゃ。」

　楽長は、雲を隔てて日を仰ぐような感じで、孔子の音楽論を聴いていた。しかし、孔子の最後の言葉が彼の耳にはいった時、彼の胸は急にうずき出した。そして孔子に「邪心がある」と云われても仕方がない、と思った。

「御教訓は、身にしみてこたえました。ありがとう存じます。これからは、技術を磨くと共に、心を治めることに、一層精進いたす決心でございます。」

　彼は真心からそう云って、孔子の部屋を出た。孔子は、しかし、彼の足音が遠くに消え去るのを聴きながら、思った。

（楽長は、最高の技術は手や喉から生れるものでなくて、心から生れるものだ、という事だけは、どうやらわかったらしい。彼の音楽もこれからそろそろ本物になるだろう。だが彼は、私の音楽論がそのまま人生論でもある、ということには、まだ気がついていないらしい。究極の目標を音楽の技術に置いている彼としては、或はやむを得ないことかも知れない。しかし急ぐことはない。いずれは彼も、人生のための音楽ということに目を覚ます時が来るであろう。彼は元来真面目な人間なのだから。）

孔子は、その日の儀式における楽長の不首尾にもかかわらず、いつもよりかえって朗らかな顔をして、退出した。

＊1　子曰く、詩三百、一言以て之を蔽う。曰く、思い邪なしと。（為政篇）

犂牛の子

子曰く、雍や南面せしむべしと。仲弓、子桑伯子を問う。子曰く、可なり、簡なりと。仲弓曰く、敬に居りて簡を行い、以て其の民に臨まば、亦可ならずや。簡に居りて簡を行わば、乃ち大簡なることなからんやと。子曰く、雍の言然りと。

――雍也篇――

或ひと曰く、雍や仁にして佞ならずと。子曰く、焉くんぞ佞を用いん。人に禦るに口給を以てし、しばしば人に憎まる。其の仁なるを知らず、焉くんぞ佞を用いん。

――公冶長篇――

子、仲弓を謂う。曰く、犂牛の子、騂くして且つ角よくば、用うること勿からんと欲すといえども、山川其れ諸を舎てんやと。

――雍也篇――

「仲弓には人君の風がある。南面して天下を治めることが出来よう。」

孔子は、このごろ、仲弓に対して、そういった最高の讃辞をすら惜しまなくなった。

仲弓は寛仁大度で、ものにこせつかない、しかも、徳行に秀でた高弟の一人なので、それがまるで当っていないとは云えなかった。しかし、それにしても、讃めようが少し大袈裟すぎはしないか、といった気分は、門人たちの誰の胸にもあった。

仲弓自身にしても、何となくうしろめたかった。彼は孔子が嘗て、

「[*1]道理に叶った忠言には正面から反対する者はない。だが大切なことは過ちを改めることだ。婉曲な言葉は誰の耳にも心持よく響く。だが大切なことは、その真意のあるところを探ることだ。いい気になって真意を探ろうともせず、表面だけ従って過ちを改めようとしない者は、全く手のつけようがない。」

と云ったことを思い起した。孔子は或は、自分を「人君の風がある。」などと讃めて、その実、何かの欠点を婉曲に諷刺しているのではあるまいか。そういえば、世間では、子桑伯子と自分とを、同じ型の人物だと評しているそうだ。子桑伯子は物にこせつかない、いい男だが、少し大ざっぱ過ぎる嫌いがないでもない。或は自

分にもそんな欠点があるのではなかろうか。自分だけでは、そんな事がないように気をつけているつもりではあるが。――彼はそんなことを考えて、讃められたために却って不安な気持になるのであった。

かといって、孔子に対して、「そんな遠まわしを云わないで、もっとあからさまに云って下さい。」とも云いかねた。もし孔子に、諷刺の意志がないとすると、そんなことを云い出すのは、礼を失することになるからである。

で、彼は、ある日、それとなく子桑伯子についての孔子の感想を求めて見た。彼は、もし孔子に諷刺の意志があれば、子桑伯子のことから、自然、話は自分の方に向いて来る、と思ったのである。ところが、孔子の答えは極めてあっさりしたものであった。

「あれもいい人物じゃ。大まかなところがあってね。」

孔子の口ぶりには、子桑伯子と仲弓とを結びつけて考えて見ようとする気ぶりさえなかった。仲弓は一寸あてがはずれた。そこで、彼はふみこんで訊ねた。

「大まかも、大まかぶりだと思いますが……」

「うむ。で、お前はどうありたいと思うのじゃ。」

「平素敬慎の心を以て万事を裁量しつつ、しかも事を行うには大まかでありたいと思います。それが治民の要道ではありますまいか。平素も大まかであり、事を行うにも大まかであると、とかく放慢に流れがちだと思いますが……」

孔子は、黙ってうなずいたきりだった。仲弓はもの足りなかった。だが、仕方なしに、それで引きさがることにした。

ところが孔子は、あとで他の門人たちに仲弓の言を伝えて、しきりに彼を讃めた。そして再び云った。

「やはり仲弓には人君の風がある。」

仲弓はそれを伝え聞いて、ひどく感激した。しかし彼は、それで決して安心するような人間ではなかった。彼は、自分が孔子に云った言葉を裏切らないように、ますます厳粛な自己省察を行うことに努めた。彼はかつて孔子に「仁」の意義をたずねたことがあったが、その時孔子は、

「足[*2]一歩門外に出たら、高貴の客が眼の前にいるような気持でいるがよい。人民に仕事を命ずる場合には、宗廟の祭典にでも奉仕するようなつもりでいるがよい。そして自分の欲しないことを人に施さないように気をつけよ。そしたら、邦に仕えて

も、家にあっても、怨みをうけることが無いであろう。」

と答えた。仲弓は、孔子がこの言葉によって、彼に「敬慎」と「寛恕」の二徳を教えたものと解して、

「きっとご教訓を守り通します。」

と誓ったものだ。彼はその時の誓いを今でも決して忘れてはいない。讃められれば讃められるほど、戒慎するところがなければならない、と、彼はいつも心を引きしめているのである。

ところで、彼にとって不幸なことには、彼の父は非常に身分の賤しい、しかも素行の修まらない人であった。で、門人たちの中には、彼が孔子に讃められるのを、快く思わないで、とかく彼にけちをつけたがる者が多かった。ある時など、一人の門人が、孔子に聞えよがしに、

「仲弓もこのごろは仁者の列にはいったか知らないが、残念なことには弁舌の才がない。」

などと放言した。

孔子は、むろんそれを聞きのがさなかった。彼はきっとなってその門人に云った。

「何、弁舌？――弁など、どうでもいいではないか。」

門人は、一寸うろたえた顔をしたが、すぐしゃあしゃあとなって答えた。

「でも、あの調子では、諸侯を説いて見たところで、相手にされないだろうと思います。惜しいものです。」

彼は、「惜しいものです」という言葉に、馬鹿に力を入れた。それは心ある門人たちの顔をそむけさせるほど、変な響きをもっていた。しかし中には、にやにやしながら、孔子がどう答えるかを、面白そうに待っているものもあった。孔子は寒そうな顔をして、一寸眼を伏せたが、次の瞬間には、その眼は鋭く輝いて、みんなを見まわしていた。

「口の達者なものは、とかくつまらんことを云い出すものじゃ。出まかせにいろんなことを云っているうちには、結構世の中の憎まれ者にはなるだろう。仲弓が仁者であるかどうかは私は知らない。しかし彼は口だけは慎んでいるように見受ける。いや、口が達者でなくて彼も仕合せじゃ。誠実な人間には、口などどうでもいいことじゃでのう。」

その場はそれで済んだ。しかし仲弓に対する蔭口はやはり絶えなかった。云うことがなくなると、結局彼の身分がどうの、父の素行がどうのという話になって行った。むろん、そんな話は、今に始まったことではなかった。実をいうと、孔子が仲弓を特に称揚し出したのも、その人物が実際優れていたからではあったが、何とかして門人たちに彼の真価を知らせ、彼の身分や父に関する噂を話題にさせないようにしたいためであった。ところが、結果はかえって反対の方に向いて行った。孔子が彼を讃めれば讃めるほど、彼の身分の賤しいことや、彼の父の悪行が門人たちの蔭口の種になるのだった。

　孔子[*3]は暗然となった。彼は女子と小人とが、元来如何に御しがたいものであるかを、よく知っていた。それは彼等が、親しんでやればつけ上り、遠ざけると怨むからであった。そして彼は、今や仲弓を讃めることによって、小人の心がいかに嫉妬心によって蝕まれているかを、まざまざと見せつけられた。彼は考えた。

（小人がつけ上るのも、怨むのも、また嫉妬心を起すのも、結局は自分だけがよく思われ、自分だけが愛されたいからだ。悪の根元は何といっても自分を愛し過ぎることにある。この根本悪に眼を覚まさせない限り、彼等はどうにもなるものではない。）

むろん[*4]彼は、仲弓の問題にかかわりなく、これまでにもその点に力を入れて門人たちを教育して来たのである。彼がつとめて「利」について語ることを避け、たまたまそれを語ることがあっても、常に天命とか、仁とかいうようなことと結びつけて話すように注意して来たのも、そのためである。また彼は、機会あるごとに、門人達の我執を戒めた。そして、「自己[*5]の意見にこだわって、無理強いに事を行ったり、禁止したりするのは君子の道でない。君子の行動を律するものは、ただ正義あるのみだ。」と説き、[*6]彼自身、細心の注意を払って、臆断を去り、執着を絶ち、固陋を矯め、他との対立に陥らぬようにつとめて来たものである。

だが、こうした彼の努力も、心境の幼稚な門人たちには何の利目もなかった。彼等には、天命が何だか、仁が何だか、まだ皆目見当がついていなかった。彼等は、ただ仲弓にいくらかでもけちをつけさえすれば、自分たちが救われるような気がするのだった。こんな種類の門人たちに対しては、さすがの孔子も手がつけられないで、いくたびか絶望に似た気持にさえなるのであった。

しかし、ただ一人の門人でも見捨てるのは、決して彼の本意ではなかった。そして、考えに考えた末、彼は遂に一策を思いついた。それは、仲弓にけちをつけたがる門人たちを五六名(ごろく)つれて、郊外を散策することであった。

門人たちは、その日特に孔子のお供を命ぜられたことを、非常に光栄に感じた。彼等は如何(いか)にも得意らしく、嘻々(きき)として孔子のあとに従った。

田圃(たんぼ)には、あちらにもこちらにも、牛がせっせと土を耕していた。

大(たい)ていの牛は毛が斑(まだら)であった。そして角が変にくねっていたり、左右の調和がとれていなかったりした。孔子はそれらに一々注意深く視線を注いでいたが、そのうちに彼は、一頭の赤毛の牛に眼をとめた。それはまだ若くて、つやつやと毛が陽に光っていた。角は十分伸び切ってはいなかったが、左右とも、ふっくらと半円を描いて、いかにも調(ととの)った恰好(かっこう)をしていた。

孔子は、その牛の近くまで来ると、急に立ちどまって、門人たちに云った。

「見事な牛じゃのう。」

門人たちは、牛には大して興味がなかった。しかし、孔子にそう云われて、仕方なしにその方に眼をやった。

「あれなら、大丈夫祭壇の犠牲(いけにえ)になりそうじゃ。」

門人たちは、孔子が犠牲(いけにえ)を探すために、今日自分たちを郊外に連れ出したのだと思った。で彼等は元気よく合槌をうち出した。

「なるほど見事な牛でございます。」

「全く惜しいではございませんか、こうして田圃に働かせて置くのは。」

「この辺に一寸これだけの牛は見つかりますまい。」

「お買い上げになるのでしたら、すぐあたって見ましょうか。」

孔子は、しかし、それには答えないで、また歩き出した。そして独言のように云った。

「全く珍らしい牛じゃ。しかし血統が悪くては物になるまい。」

門人たちは顔を見合せた。犠牲にするには、毛色が赤くて角が立派でさえあれば、それでいいとされている。これまで牛の血統が問題にされた例をきいたことがない。何で、孔子がそんなことを云い出したものだろう、と彼等は不思議に思った。

「血統など、どうでもいいではございませんか。」

とうとう一人が云った。

「かりに斑牛の子であっても、天地山川の神々はお嫌いはされぬかの。」

「大丈夫だと思います。本物が立派でさえあれば。」

「そうか。お前達もそう信ずるのか。それで私も安心じゃ。」

門人たちは、また顔を見合せた。彼等は、孔子が何を云おうとしているのか、さっぱり見当がつかなかったのである。

孔子は、それっきり黙々として歩きつづけた。そしてものの半町（約五〇メートル）も行ったころ、ふと思い出したように云った。

「それはそうと、仲弓（ちゅうきゅう）はこのごろどうしているかね。あれも斑牛（まだらうし）の子で、神様のお気に召さないという噂も、ちょいちょい聞くようじゃが。……」

門人たちは、三度顔を見合せた。しかし、彼等の視線は、今度はすぐばらばらになって、めいめいに自分たちの足さきを見つめた。孔子はつづけた。

「しかし、お前達のように、血統など問題にしない人があると知ったら、彼も喜ぶにちがいない。わしも嬉しい。……いや君子（くんし）[*7]というものは、人の美点を助長して、決して人の欠点に乗ずるような事はしないものじゃ。しかし世の中には、兎角（とかく）そのあべこべを行こうとする小人（しょうじん）が多くてのう。」

門人たちは、孔子について歩くのが、もうたまらないほど苦しくなって来た。

「随分歩いたようじゃ。そろそろ帰るとしようか。」

孔子は踵をかえした。そして、赤毛の牛を指さしながら、再び云った。

「見事な牛じゃ。あれならきっと神様の思召に叶いそうじゃのう。」

門人たちが、孔子のこうした教訓によって、まじめに自己を反省する機縁を掴み得たかは、まだ疑問であった。しかし、それ以来、仲弓の身分や、彼の父の素行が、彼等の話題にのぼらなくなったことだけはたしかである。尤も、この事は、仲弓自身にとっては、どうでもいい事であった。彼はただ自らを戒慎することによって、孔子の知遇に応えればよかったのだから。

＊1 子曰く、法語の言は能く従うこと無からんや、之を改むるを貴しと為す。巽与の言は能く説ぶこと無からんや、之を繹るを貴しと為す。説びて繹ねず、従いて改めずんば、吾之を如何ともすること末きのみと。（子罕篇）

＊2 仲弓 仁を問う。子曰く、門を出でては大賓に見ゆるが如くし、民を使うには大祭に承くるが如くせよ。己の欲せざる所は人に施すこと勿れ。邦に在りても怨なく、家に在りても怨なからんと。仲弓 曰く、雍不敏なりと雖も、請う斯の語を事とせんと。（顔淵篇）

＊3　子曰く、唯女子と小人とは養い難しと為す。之を近づくれば則ち不孫なり。之を遠ざくれば則ち怨むと。（陽貨篇）

＊4　子罕に利を言えば、命と与にし、仁と与にす。（子罕篇）

＊5　子曰く、君子の天下に於けるや、適無きなり。漠無きなり。義に之れ与に比うと。（里仁篇）

＊6　子、四を絶つ。意なく、必なく、固なく、我なし。（子罕篇）

＊7　子曰く、君子は人の美を成し、人の悪を成さず、小人は是に反すと。（顔淵篇）

異聞を探る

陳亢、伯魚に問いて曰く、子も亦異聞あるかと。対えて曰く、未だし。嘗て独り立てり。鯉趨りて庭を過ぐ。曰く、詩を学びたるかと。対えて曰く、未だしと。詩を学ばずんば、以て言うことなしと。鯉退きて詩を学べり。他日又独り立てり。鯉趨りて庭を過ぐ。曰く、礼を学びたるかと。対えて曰く、未だしと。礼を学ばずんば以て立つことなしと。鯉退きて礼を学べり。斯の二者を聞けりと。陳亢退きて喜びて曰く、一を問いて三を得たり。詩を聞き、礼を聞き、又君子の其の子を遠ざくるを聞けりと。

——季氏篇——

陳亢は字を子禽といった。

彼は、孔子の教えをうけるために、はるばる陳の国から魯にやって来たのであるが、門人がうようよしていて、彼のような年の若い新参者が、個人的に直接孔子に言葉をかけて貰う機会など、めったに得られなかった。で、ふだんは高弟の子貢に師事して、その指導をうけながら、孔子の一言一行を、間接にでも知りたいと、絶えず心を配っていた。

彼はある時、子貢に対して妙な質問を試みた。

「貴方は、孔夫子に対して、枉げて弟子の礼を執っていられるのではありませんか。どうも私には、貴方が孔夫子よりも賢っていらっしゃるように思えますが。」

この質問は、彼の孔子を知りたい一念から出たものではあったが、また、ある程度彼の本音でもあった。というのは、たまに接する孔子が、「[*1]自分は生れながらにして何も知っている者ではない。古聖の道を好んで、ただ孜々として求めて倦まないものだ。」とか、「[*2]徳の脩まらないこと、学問の研究の深まらないこと、正義を聞いて実行の出来ないこと、不善を改めることの出来ないこと、これが自分の憂いとしているところだ。」とか、また「[*3]黙々として道理を識り、学んで厭かず人に誨えて倦まないというのは容易でない。自分はその中の一つでも出来てはいないようだ。」とか、そういった地味なことばかり云っているのに比べて、子貢のいかにも華やかな、てきぱきした弁才が、彼の心に眩しく映っていたからである。

しかし、この質問に対しては、子貢もさすがにきっとなって答えた。

「*4君子は軽率にものを言ってはならない。一言で知者ともされ、不知者ともされるのだから。私が孔夫子に及ばないのは、丁度梯子で天に昇ることが出来ないのも同じだ。もし孔夫子が志を得られて、一国を治める地位にでも立たれたら、それこそ古語に謂ゆる『之を立つれば斯に立ち、之を道けば斯に行い、之を綏んずれば斯に来り、之を動かせば斯に和らぐ。其の生や栄え、その死や哀む』とある通り、民生も豊かに、道義も行われ、人民は帰服して平和を楽み、孔夫子が生きていられる間はその政治を謳歌し、亡くなられると父母に別れたように悲むだろう。そうした力が私などにあろうはずがない。比較されただけでも、耳がつぶれそうだ。」

陳亢には、それでまだ孔子の人物がはっきりしなかった。彼は、またある時訊ねた。

「*5孔夫子はどこの国に行かれても、必ずその国の政治に何かの形で関与されるようですが、それは孔夫子が自らお求めになっての事でしょうか、それとも君主の方からその機会を与えられての事でしょうか。」

こう訊ねた陳亢の腹の底には、孔子は案外功名心の強い人ではなかろうか、どこの国に行っても、永持ちしないのも、或はそのためであるかも知れない、という考えがあった。

それに対して子貢は答えた。

「孔夫子の容貌や言動には、温・良・恭・倹・譲の五つの徳が、おのずから溢れている。各国の君主はそれに接すると、自然政治の事を訊ねて見ないわけには行かなくなるのだ。だから、多くの人が、媚びたり、へつらったりして、官位を求めるのとは全くちがっている。いわば徳を以て求めていられるのだ。孔夫子が自分の徳を用うることの出来ない国では、決してその地位に恋々とされないわけも、それではっきりするだろう。」

陳亢は、自分の私淑している子貢の口から、しばしばそんな事を聞いているうちに、幾分かずつ孔子がわかって来るような気がした。同時に彼は、孔子にしみじみ接しうる機会がめったに得られないのを、一層残念に思わずにはいられなかった。

何よりも悪いことには、彼が子貢に対して孔子の人物を訊ねた時の言葉でもわかるように、彼はいくぶん疑い深い性質であった。そうひどくひねくれているというほどでもなかったが、もの事を一寸悪く解釈して見る癖が、何かにつけ出るのであった。

(新参者であるために、そして魯の人間でないために、自分はいい加減にあしらわれているのではないだろうか。一体なら、遠来の新参者にこそ、もっと懇切であってもいいはずなのだが。……そういえば、孔夫子が眼に入れても痛くないほど愛していられる顔回をはじめ、子路、閔子騫、冉伯牛といったような連中は、みんな魯の生れだ。自分の最も尊敬している子貢は、顔回や子路ほど孔夫子の覚えが芽出度くないそうだが、或は彼が衛の人間だからではあるまいか。)

さほど深刻というほどでもなかったが、彼は、ついそんな事まで考えるのであった。そして、そうした考えの後に、ふと彼の頭に浮んで来たのが伯魚である。

(伯魚は孔夫子のたった一人の息子だ。孔夫子はふだん彼を他の門人なみに取扱っているように見えるが、それは恐らく表面だけのことだろう。かげではきっと、他の門人たちに教えないことを、彼にだけ教えているに相違ない。孔夫子だって、自分の息子が他の門人以上になるのを好まないわけはないのだから。)

この考えは、しかし、彼の気持を必ずしも不愉快にはしなかった。というのは、それと同時に、彼は、伯魚に接近することによって、他の門人たちには得られない、いい教えが得られるだろうと考えたからである。

彼は、偉大な発見でもしたかのように、にやりとした。そして、それ以来、伯魚の姿を見かけさえすれば、すぐそのそばに寄って行って、話しかけることに努めた。尤も、二人の話を他の門人たちに聞かれるのを、彼はあまり好まなかったので、なるべく人目に立たないように工夫することを怠らなかった。

ところで、彼のこうした折角の苦心も、結局大した効果を見せそうになかった。それは、伯魚が元来無口なためばかりではなく、たまたま何か話し出すことがあっても、大して珍らしいことも云わず、孔子の特別の教えらしいと思われるような言葉は、ほとんど聞かれなかったからである。

（やはり、子貢の方が、孔子よりも偉いのではないかな。）

彼は時としてそんな事を考えた。そして、それは同時に、自分と伯魚とを比較して見ることでもあったのである。

（しかし伯魚も満更馬鹿でもないようだから、或は孔子の特別の教えだけは、人にかくして云わないことにしているのかも知れない。）

そう考えると、やはりいい気持はしなかった。で、ある日彼は、孔子の家の庭を伯魚と並んで歩きながら、とうとう思い切って訊ねて見た。

「貴方は先生の御子息のことではありますし、たえずお側に居られて、普通の門人にはとても伺えない、結構なお話をお聞きのことと存じますが、もしお差支えがなければ、私のような新参者のために、その一部分でもお洩らし下さるまいか。」

「いや、実は私も、まだこれといって別に――」

と、伯魚はしばらく考えていたが、

「左様、強いていえば、かつてこんな事がありました。丁度父が閑になって独りでいました時、私が小走りに庭を通りますと、『お前は詩経を学んだか。』と申します。『まだです。』と答えますと、『詩経を学ばなければ人と話すことが出来ない。』と叱られました。私が詩経を学びはじめましたのはそれ以来のことです。」

「なるほど。」

「それから幾日か経ってからのことでした。丁度前と同じように、父が一人でいる前を通りますと、今度は、『お前は礼を学んだか。』と申します。仕方がないから、『まだです。』と答えますと、『礼を学ばないと、世の中に立って人と交って行くことが出来ない。』と叱られました。それで私もぽつぽつ礼を学ぶことになったわけなのです。」

「なるほど。」

「父に特別に教わったことと云えば、先ずこの二つぐらいなものでしょう。その他は、貴方がたとちっとも変った取扱いをうけて居りません。それはご存じの通りで……」

「なるほど。」

陳亢は、満足したような、失望したような顔をして、しきりに「なるほど」をくりかえしながら、ふと向うを見た。すると孔子が一人で杖をひきながら、こちらの方に歩いて来るのが見える。何か研究の一段落をつけて、頭を休めに出て来たものらしい。二人は孔子に近づくと、立ちどまって丁寧なお辞儀をした。孔子はにこにこしながら云った。

「さっきから二人で歩きまわっているようじゃが、よほど親しいと見えるの。」

陳亢は、自分が伯魚と親しいと孔子に思われたのが、非常に嬉しかった。しかし彼は黙って伯魚の方を見た。伯魚は云った。

「最近特別にお親しく願っています。いろいろ教えていただきますので、非常に愉快です。」

「うむ。それはいい、若いうちは、友達同志で磨きあうのが何よりじゃ。私もきょうは一つ仲間入りをさして貰おうかな。」

そう云って孔子は歩き出した。二人もそのあとについた。

(何という恵まれた日だろう。)

陳亢はそう思って、胸をわくわくさした。

「時に――」

と、孔子は歩きながら云った。

「[*6]二人が親しくするのはいいが、そのために朋友の交りが片よってはいけない。君子は公平無私で、広く天下を友とするものじゃ。小人はこれに反して、好悪や打算で交る。だからどうしても片よる。片よるだけならいいが、それでは真の交りは出来ない。真の交りは道を以て貫くべきものじゃ。」

陳亢のわくわくしていた胸は、一時に凍りつきそうになった。

「いや、しかし――」

と、孔子は二人を顧みて、

「私は、二人の交りを小人の交りだ、といっているわけではない。ただ一寸気がついたことを云って見たまでのことじゃ。」

陳亢はほっとしたが、胸の底には、ある苦味いものがこびりついて、容易に消えなかった。

「ときに、私が中途から邪魔をしてすまなかったが、今日は二人で何を話しあっていたのじゃな。」

陳亢はまたひやりとした。そして、伯魚が孔子の問いに答えて、ありのままを話しているのを聞きながら、注意深く孔子のうしろ姿を見守った。

孔子は伯魚の話を黙々と聞きながら歩いていたが、話が終ると感慨深そうに云った。

[*7]「うむ、お前にそんな教訓を与えたこともあったかな。しかし、何といっても君子の学問は詩と礼じゃ。詩は人間を感奮興起させる。人間に人生を見る眼を与えてくれる。人と共に生きる情を養ってくれる。また怨み心を美しく表現する技術さえ教えてくれる。詩が真に味えてこそ、近くは父母に事え、遠くは君に事えることも出来るのじゃ。それに、詩には、鳥獣草木をはじめとして、天地自然のあらゆる知識

を取り納める利益もある。[*8]また礼は、人間の最も調和した心の具体化された姿じゃ。その根本は敬（つつし）み且（か）つ譲るにある。敬（つつし）みに敬（つつし）み、譲りに譲るところに、人心の大調和が生み出される。これを形にあらわしたものが礼じゃ。だから、国を治めるにしても、礼譲（れいじょう）の心を以（もっ）てすれば、さしたる困難はない。もしそれなしに国を治めようとすると、国が治まらないどころか、礼そのものが魂のない礼になって、自分一身の調和も覚束（おぼつか）なくなるものじゃ。詩といい、礼といい、いずれも言葉や形式ではない。その点を忘れないようにして、しっかり勉強することじゃな。」

陳亢（ちんこう）も伯魚（はくぎょ）も、夢中になって孔子の言葉に聞き入った。二人の足は、ややともすると、孔子の踵（きびす）をふみそうにさえなることがあった。そして、孔子の言葉が終ったあと、しばらくの間は、二人共、黙々として足を運んでいた。

「ところで——」と、孔子は、だしぬけに足をとどめて、二人をふりかえった。

「私は少し喋りすぎたようじゃ。お前たちも、ただ聴くだけでは本当の学問にはならぬ。何か珍らしい話はないか、ないか、と探すよりも、ただ一事でもよいから、自分でしっかり考えることじゃ。考えるといっても、ただ理窟（りくつ）だけを考えるのではない。要は実行じゃ。[*9]どうしたらよいか、どうしたらよいか、と血みどろになって苦しむ者でなくては、私もどう導いてやったらいいか、わからぬのでな。元来、聞[*10]きたがる心というものは、その人の軽薄さを示すだけで、別に大した効能はないものじゃ。子路などは、その点では非常に感心なところがあって、一つの善言を聞いて、まだそれを実行することが出来ないうちは、他の善言を聞くことを恐れるといった工合じゃ。真に道を求める者は、そのくらいの真面目さがあっていい、と私は思っている。」

陳亢は、いい気持でいるところを、だしぬけに背負投を喰わされたように感じた。そして孔子が、再び踵を転じて歩き出すのを見守りながら、ぽかんとしてつッ立っていた。

（孔子という人は恐ろしい人だ。）

彼は、その日自分の宿に帰りながら、何度もそう思った。しかし、彼の心には、もう孔子を疑ったり伯魚を囮に使ったりする気は微塵も残っていなかった。彼は考えた。

（自分は伯魚に、変な気持であんな質問を発したが、その一つの質問によって、三つの事を知ることが出来た。その第一は詩、その第二は礼、そしてその第三は、孔子が自分の子と一般の門人とを、少しも区別していられないことだ。）

翌日彼は、このことをあからさまに子貢にぶちまけた。そして、

「お蔭で孔夫子のお人柄も、少しは分って来たようです。」とつけ加えた。すると子貢は云った。

「それは何よりだ。[*11]しかし真に孔夫子を知ることは容易でない。例えば詩書礼楽などについての孔夫子のお話は、聞くことも出来れば、理解することも出来よう。しかし、孔夫子のもっと本質的な方面、即ち性とか天道とかいったような、人生観、世界観に関することは、ご自身でもめったに口にされないし、また口にされても、われわれにはそうたやすくのみこめる事ではない。何しろ孔夫子の深さは無限といってもいいくらいだからね。」

＊1　子曰く、我生れながらにして之を知る者に非ず。古を好み、敏めて之を求めたる者なりと。（述而篇）

＊2　子曰く、徳の修まらざる、学の講ぜざる、義を聞きて徙る能わざる、是れ吾が憂なりと。（述而篇）

＊3　子曰く、黙して之を識り、学びて厭わず、人に誨えて倦まず、何か我にあらんやと。（述而篇）

＊4　陳子禽、子貢に謂いて曰く、子恭を為すなり、仲尼豈に子より賢らんやと。子貢曰く、君子は一言以て知と為し、一言以て不知と為す。言慎まざるべからざるなり。夫子の及ぶべからざるや、猶お天の階して升るべからざるがごとし。夫子にして邦家を得ば、所謂之を立つれば斯に立ち、之を道けば斯に行い、之を綏んずれば斯に来り、之を動かせば斯に和ぐ。其の生や栄え、その死や哀む。之を如何ぞ其れ及ぶべけんやと。（子張篇）

＊5　子禽、子貢に問いて曰く、夫子の是の邦に至るや、必ず其の政を聞く。之を求めたるか、抑之を与えたるかと。子貢曰く、夫子は温良恭倹譲以て之を得たり。夫子の之を求むるや、其れ諸れ人の之を求むるに異るかと。（学而篇）

＊6　子曰く、君子は周して比せず、小人は比して周せずと。（為政篇）

＊7　子曰く、小子何ぞ夫の詩を学ぶ莫きか。詩は以て興す可く、以て観る可く、以て群す可く、以て怨む可し。之を邇くしては父に事え、之を遠くしては君に事う。多く鳥獣草木の名を識ると。（陽貨篇）

*8 子曰く、能く礼譲を以て国を為めんか、何かあらん。礼譲を以て国を為むる能わずんば、礼を如何せんと。（里仁篇）

*9 子曰く、之を如何せん、之を如何せんと曰わざる者は、吾之を如何ともすること末きのみと。（衛霊公篇）

*10 子路聞くこと有りて、未だ之を行うこと能わずんば、唯聞くこと有らんことを恐る。（公冶長篇）

*11 子貢曰く、夫子の文章は得て聞く可きなり。夫子の性と天道とを言うは、得て聞く可からざるなりと。（公冶長篇）

天の木鐸

儀の封人見えんことを請う。曰く、君子の斯に至るや、吾未だ嘗て見ゆることを得ずんばあらざるなりと、従者之を見えしむ。出でて曰く、二三子何ぞ喪うことを患えんや。天下の道なきや久し。天将に夫子を以て木鐸と為さんとすと。

——八佾篇——

「実はその、これが私のただ一つの道楽でございましてな、……いや、道楽などと申しては、まことに失礼でございますが、正直のところ、そのような楽しみがあればこそ、こうして関所勤めなどさせていただいて居りますような次第で、はい。」

儀の関守は、もう七十に近い老人である。彼は、是が非でも、じかに孔子に面会させてもらうつもりで、その宿所に門人の冉有を訪ねて、曲った腰を叩きながら、しきりにまくし立てていた。それは、孔子が魯の大司寇を辞めて、定公十三年、五十五歳の時、はじめて諸国遍歴の旅に出たばかりのところであった。――儀は魯の国境に接した衛の一都邑である。

「それで、もうどのくらいお勤めです。」

冉有は、関守を孔子に会わせたくなかった。孔子の相手は諸侯か、さもなくば大夫である。一々小役人などに面談さしていては、きりがない。それに、何といっても、孔子は今は落魄の身である。衛の国にはいったしょっぱなから、よぼよぼの関所役人などを相手にしたとあっては、いよいよ孔子の威厳にかかわる。われわれ門人としても、あまりいい気持のものではない。この際は、世間に軽く見られるのが、何よりもいけないことだ。なるだけどっしりと構えるに限る。そう考えて、彼は話を他の方にそらそうと努めた。

「もう、かれこれ、四十年ほどにもなりましょうかな。」

と、関守は、ぐっと腰をのばして、いかにも得意そうに答えた。

「四十年！」

冉有もさすがに驚かされた。

「いや、楽しみなものでございますよ。こうして関守をしていますお蔭で、いろいろのお方にお目にかかれますのでな。」

「なるほど……」

冉有は気のない返事をした。

「それでも、最初のうちは慣れないせいで、惜しいと思うお方を、ずいぶん取逃がしたものでございますよ。しかし、もうこの頃では、すっかりこつがわかりましてな、これはと睨んだお方なら、一人残らずお目にかかれているのでございます。これがまあ、永年勤めた関守の役得というものでございましょうかな。」

冉有は少し腹が立って来て、天井を睨んだまま、返事をしなかった。

「それはもう、先生のお疲れのことは、よう存じて居ります。で、ほんのちょいと、二言三言お言葉をおかけ下さる間だけで宜しゅうございます。どうも、お通りがかりにちらとお顔を拝しただけでは、この老爺気が落ちつきませんでな。それに、孔先生といえば、これまで私がお目にかかりましたお偉い方が、総がかりでお向いになっても及ばないほど、お偉い方のようにお察し致して居ります。場合によっては、これを思い出に、私は、関守を打留にしようか、とさえ思っているくらいでございます。」

冉有は少し気をよくした。しかし、まだ取次ぐ気にはなれなかった。

「いや、今すぐと申すわけでございません。明日のお立ちまでにちょいとお目にかかる事が出来れば結構でございます。なあに、私は、お待ちする分には、夜徹しでも構わないのでございます。よくこれまでにも、そういう事がありましたでな、はい。」

冉有は思わず吹き出してしまった。関守はすかさず、

「お願いが出来るでございましょうか。」

と、いかにも心配そうな顔を、冉有の前につき出した。

「お伝えするだけは致して見ましょう。」

冉有はとうとう立上った。

「まことに有りがとう存じます。なあに、お伝えさえしていただけば、間違いなくお会い下さることと存じます。なるほどこれまでに、四の五のと仰しゃるお方もなかったではございませんが、それは大てい、お伴のお方のお指金か、さもなくば、ご本人があまりお偉くないお方の場合でありましてな。多少でも人間の世の中のことがお解りの方なら、下賤の者や老人の心を、よく酌んで下さるものでございま

す。」

冉有はあきれて、運びかけた足をとどめると、関守の顔を穴のあくほど見た。関守は、しかし、その瞬間ひょいと窓の方に眼をそらして、大きく腰を伸ばした。そして、いかにもひょうきんに、

「やれやれ、これでお願いが叶いましたわい。」

冉有は、立ちどまったまま二三度首を振った。そして、しばらく何か思案するようだったが、そのまま、思い切ったように奥にはいって行った。

ものの五六分も経つと、彼は仏頂面をして戻って来た。そしてごく無愛想に、

「お逢い下さるそうです。」

そう云って彼は、次の室にいた若い門人を呼んで、奥に案内するように言いつけた。

関守は、これまでの熱心さにも似ず、冉有の顔を見もしないで、

「そうですかい、それはそれは。」

と云いながらのそのそと室を出て行った。

冉有は苦笑しながらそのあとを見送ると、椅子に腰を下して腕組をした。

（やはり取次いだのがいけなかったのだ。取次げば会おうと仰しゃるのが、先生のいつもの流儀だのに、ついあの老爺にしてやられてしまった。それにしても、先生も少し軽率じゃないかな。あれほどお会いになってはいけないというのに、いやそれは面白そうな人物だ、と仰しゃる。面白いも面白くないも、たかが関所役人ではないか。それに四十年もそんな仕事にこびりついているというのだから、大抵知れている。これから諸侯を相手に活動なさろうという矢先に、あんな老爺に会ってどうなさるおつもりなんだろう。今頃はあの老爺、きっと、さっきのように煮ても焼いても食えないようなことを、べらべら喋っているだろうと思うが、あんな気狂いじみた老人を相手にされたんでは、先生も結局自らを辱しめることになるばかりだ。それにつけても、魯の大司寇で居られた頃のことが思い出される。ああした立派な官職についてさえ居られれば、こんな辱しめを受けられることもなかったろう。愚痴なようだが、やはり野には下りたくないものだ。道を楽むの何のと云っても、官職を離れたが最後、世間の評価はすぐ変って来る。それが世の中というものだ。だから先生にも余程自重して貰わないと、さきざきどんな惨めなことになるか知れたものではない。とにかく、今日自分があの老爺を取次いだのは失敗だった。）

彼がそんなことを考えているうちに、用達しに出ていた門人たちが四五人、どやどやと帰って来た。彼は待ちかねていたように、すぐ事実を彼等に話した。そして、「ありのままを話したら、先生もまさか会おうとは仰しゃるまい、と思ったのが、僕の見込ちがいだった。」

と、いかにも残念そうにつけ加えた。

「そりゃ先生は、自分が人に知られることよりは、人を知ることに、いつも心を用いていられるからね。」[*1]

と、一人がしたり顔に云った。

「なあに、先生のことだ、まさかそんな奴に恥をかかされるようなこともあるまい。」

と、他の一人が事もなげに云った。

「それはそうさ。しかし、そんな人間にお会いになったということ自体が、先生の値打を下げることになりはしないかね。」

と、またある者が云った。

「僕が心配するのもその点だ。」

と、冉有はまた腕組をして、ため息をついた。

みんなもそれには同感だった。彼等は、自分たちの値打までが下って行くような気がしてならなかったのである。

「その老爺の君に対する態度はどうだった。教えを乞おうというような風は、ちっとも見えなかったかね。」

と、一人が冉有に訊ねた。

「そんな風は鵜の毛ほどもなかった。いや、かえって僕を愚弄しているとしか思えなかったね。」

「先生が大司寇でいられた頃は、下っぱの役人の眼には、われわれも一かどの先生に映っていたものだがね。」

「実際だ。」

みんなは憮然とした。

しばらく沈黙がつづいた。その沈黙の中から、次第に足音が近づいて、しずかに室の戸があいた。関守である。

みんなは不快な眼を一せいに彼の顔に注いだ。彼は、しかし、にこにこしながら

彼等に近づいて、

「ほう、皆さん孔先生のお弟子でいらっしゃいますかな。」

と、小腰をかがめながら云った。そして冉有(ぜんゆう)の方を見て、

「さきほどは誠に有りがとうございました。いや、今日という今日は、この老爺(ろうや)も嬉しゅうてなりません。これで永生きをした甲斐があったというものでございます。そりゃ、これまでにもずいぶん立派なお方にお目にかかりましたが、孔先生に比べると、まるで月とすっぽんでございますよ。ちょいとお目にかかりましただけで、この胸がすうッとするではありませんか。だんだんお話を承(うけたまわ)って居(お)りますうちに、私もすっかり頭が下りましてな。もう私の方から、何も云うことはありませなんだよ。いや、この老爺(ろうや)、これでなかなか負けん気が強うございましてな、大(たい)ていのお方には一理窟(ひとりくつ)こねて見ないと承知がならないのでございます。ところが今日という今日は、まるで子供になったような気がいたしました。これでうんと若返りが出来ましたわい。こう若返ったところで、すうッと死ねたら、どんなに仕合(しあわ)せでございましょうな。何しろ、この節(せつ)のような、めちゃくちゃな世の中を見せつけられて、顰(しか)めッつらをしながら死んで行くんでは、やり切れませんからな。」

冉有も、他の門人たちも、あっけにとられて老人の顔を見守った。老人は平気で喋りつづけた。

「時に、貴方がたはいい先生についたものでございますな、若い頃から、あんな先生について学問が出来ますりゃ、生きているのがいやだなんていう気には、金輪際なりませんよ。それはなるほど、こうしてあてもなく蹤いて歩かっしゃるうちには、心細い気がなさることもおありじゃろ。何しろ、まだ皆さんお若いでな。だが先生の値打、……いや、値打などと申しては勿体のうございますかな、……ええと、その、先生のほんとうの魂、つまり先生の心の奥の奥にある、あの憂いも、惑いも、懼れもない尊い魂にしんみりふれて、存分にその味を噛み出すには、ともどもに難儀をするに限りますよ。貴方がたのうちに、万が一にも、先生が魯の大司寇をお辞めになったことで、気を落していなさる方がありましたら、それこそ罰が当りましょう。」

老人の顔は、次第に紅潮して来た。門人たちもそれにつりこまれて、いつとはなしに居ずまいを正した。

「それに第一――」

と、老人はせまるように、一歩門人たちの方に近づいて、

「先生を魯の国だけに閉じこめて、役人などさして置くのは、勿体ないとは思いませぬかな。」

門人たちはおたがいに顔を見合せた。誰も返事をする者がなかった。すると老人の声が、急に呶鳴りつけるように、彼等の耳に落ちて来た。

「先生は、貴方がたの立身出世のために、生れておいでになったお方ではありませぬぞ！」

部屋じゅうが石のように固くなった。老人は少し前こごみになって、顔をつき出していたが、その眼が異様に光って、じっと冉有の顔を見つめていた。冉有は、その固い空気の中を、もがくようにして、何か云おうとした。すると老人は急ににっこり笑って手を振った。

「いや、これはつい大声を立ててすみませなんだ。それはもう、貴方がたが、先生のお身の上を心から気にかけていなさることは、この老爺の眼にもよくわかりますわい。だが、天下にこう道がすたれては、先生にでも難儀をしていただくより手がござりますまい。いわば、それが先生に下された天命じゃでな。それはそうと、こ

の衛の国では、何かというとお上からお布告が出て、そのたんびに、木鐸という変な鈴をがらがら鳴らしてあるきますが、まさか魯の国ではそんな馬鹿馬鹿しい真似はなさるまいな。あんなものはただやかましいだけで、何の役にも立つことじゃありません。何分お上がお上でございますからな。私はこれまであの音をきくたびに、いつも思いましたよ。もし天のお声を伝えてくれる木鐸というものがあったら、とな。」

彼はそこで探るように門人たちの顔を見まわしていたが、ふたたび厳粛な顔になって云った。

「おわかりですかい。貴方がたの先生こそ、これからその天の木鐸にお成りだということを。」

また沈黙がつづいた。老人は門人たちにひょこひょこ頭を下げて、

「いや、これは永いことお喋りをいたしました。では、おたっしゃで旅をおつづけなさりませ。」

そう云うと彼はのそのそと室を出て行った。

門人たちは身じろぎもしないで、彼の後姿を見送っていたが、彼が戸の外に消え

ると、冉有は急に目が覚めたように立上って、あたふたと孔子の室に出かけて行った。

＊1　子曰く、人の己を知らざるを患えず、人を知らざるを患うと。（学而篇）

磬を撃つ孔子

子磬を衛に撃つ、簣を荷いて孔子の門を過ぐる者あり。曰く、心あるかな磬を撃つやと。既にして曰く、鄙なるかな硜硜乎たり。己を知るなくんば、斯れ已まんのみ。深くば則ち厲し、浅くば則ち掲すと。子曰く、果なるかな、これ難きことなしと。

——憲問篇——

孔子が、魯の定公と、その権臣季氏に敬遠されて、故郷をあとに、永い漂浪の旅に出たのは、五十六の歳であった。彼は先ず衛に行って、門人子路の夫人の兄、顔讎由の家に足をとめることにした。

衛の霊公は放逸な君ではあったが、政策的に孔子を自分の国にとどめて置きたかった。しかし、彼をいかに待遇すべきかについては、まだ決心がつきかねていた。

孔子は、待遇よりも自分の政治的信念を実現する機会が得たかったので、一縷の希望をつないで、しずかにその時の到るのを待つことにした。

こうした場合、彼の心にぴったりするものは、何といっても音楽であった。彼はしばしば詩を吟じ、瑟を弾じ、磬を撃った。今日も彼は、一人で朝から磬を撃っていたが、その音は、門外にひびいて、水晶の玉がふれあうように、澄んだ空気の中を流れていた。

「おや?」

もっこを担いだ百姓姿の一人の男が、門前で歩みをとどめた。

「いい音だ。だが、まだだいぶ色気があるな。」

そう云って、彼は歩き出した。歩きながら、彼はわざとのように、ペッと唾を吐いた。

孔子のお伴をして来ていた門人の冉有が、丁度その時、門をくぐって外に出るところであった。

彼は、この異様な百姓の言葉を聞きとがめた。

(変な奴だな。)

彼はそう思って、じっと男のうしろ姿を見送っていた。

すると百姓は、それにとうから気づいていたらしく、くるりと向きをかえて、二三歩冉有の方に近づいて来た。彼は、顔一ぱい皺だらけにして笑っていた。間もなく笑いは消えた。しかし、笑いが消えたかと思うと、長い舌がぺろりと鼻の下に突き出していた。

（気狂いだな。）

と、冉有は思った。そしてその男の立っているのとは反対の方向に、歩き出そうとした。すると、その男は、だしぬけに大声を立てて笑い出した。

冉有は、もう一度彼を振りかえった。

「ほう、お前さんもやっぱり色気組の方かな。」

そう云って、その男は、おいでおいでをした。冉有は、気狂いだとは思いながら、あんまり馬鹿にされたような気がして、腹が立った。彼は、立ったまま、ぐッと彼を睨みつけた。

「ふッふッ、そんなおっかない顔をするもんじゃない。それよりか、あの磬の音を聞かっしゃい。」

「磬の音がどうした？」

「上手ではないかな、一寸。」

「お前にも、それがわかるのか。」

「わかるとも。ようわかる。それ、ちょいと色気のあるところが可愛いではないか。」

「何を云うんだ！」

「ほう、また怒った。そんなに怒ると、人間が下品に見えるがな、あの磬のように。」

「なに！　あの磬の音が下品だと？」

「そうとも。ちょいと可愛いところもあるが、下品じゃよ。ほら、よっぽど執着がましい音がするじゃないか。だいぶ腹も立てているらしいな、尤もお前さんの腹の立てかたとは、少々値打がちがうが……」

　冉有はいささか気味わるくなって歩をうつそうとした。

「わッはッはッ、今度は逃腰か。腹を立てたり、逃腰になったりは、見っともない。もっとさらりとは行かないものかな。」

「それは、私のことか。」

冉有は勇を鼓して云った。

「そうじゃよ。それに、あの磬を撃っている人も同じさ。」

「磬を撃っている人は、今の時世に聖人とも云われているほどの人だ。」

「よっぽど融通のきかない聖人様じゃな。」

「………」

冉有は、相手があんまり無茶を云うので、すっかり度胆をぬかれて、返事も出来なかった。

「そうではないかな、自分を知ってくれる者がなけりゃ、あっさりすっこんでいりゃいいのに、方々うろつき廻ってさ。ふッふッふッ、時世を知らないのにも程があるよ。」

「あの先生は……」

「ほう、あれはお前さんの先生か。なるほど、そう聞けば、よう似たところがあるわ。お前さんも、世には捨てられ、世は恋し、という方じゃな。」

「………」

「世の中がそれほど恋しけりゃ、わがままを云わないで、あっさり誰かに使って貰ったら、どうじゃな。それとも、わがままが云いたけりゃ、奇麗さっぱりと世の中を諦めるか。」

冉有は、すっかり云いまくられて、眼をぱちくりさしていた。すると、その男は、だしぬけに大声をあげて歌いながら、頓狂な恰好をして、向うの方に行ってしまった。

「わしに添いたきゃ、渡っておじゃれ、
　水が深けりゃ、腰まで濡れて、
　浅けりゃ、ちょいと、小褄をとって。
　惚れなきゃ、そなたの気のままよ。」

冉有は狐につままれたような気がして、永いこと彼を見送っていたが、ふとわれにかえって、これが世にいう隠士だな、と思った。彼は、その頃、百姓や樵夫の姿をした隠士たちが方々にいることは聞いていたが、実際に出遇したのは始めてであった。で、非常に珍らしい事件にでもぶッつかったかのように大急ぎで門内に引きかえし、息をはずませながらすべてを孔子に報告した。

孔子は聴き終って、歎息をもらしながら答えた。

「思いきりのよい男じゃな。しかし、一身を潔くするというだけのことなら、大して難かしいことではない。難かしいのは天下と共に潔くなることじゃ。」

冉有(ぜんゆう)はその言葉をきくと、やっと落ちついて、再び用達(ようた)しに門外(そと)に出た。

竈に媚びよ

王孫賈問いて曰く、其の奥に媚びんよりは、寧ろ竈に媚びよとは、何の謂ぞやと。子曰く、然らず。罪を天に獲れば、禱る所無きなりと。

――八佾篇――

孔子は、一日も早く衛の国を去りたいと思った。それは、霊公が彼に対して、粟六万を贈るほどの好意を示したのも、単に君主としての体面を飾るためであって、政治の上に少しでも彼の意見を反映させようとする、真面目な考えからではない、と見て取ったからである。加うるに、公の夫人南子は乱倫の女であった。彼女の日々の生活を見聞することは、道に生きんとする孔子の到底忍び得ざるところであった。

ただ、衛にはすでに多くの門人が出来ていた。魯は彼の郷国だけに、門人の数も非常に多かったが、魯についで多いのは衛であった。彼は、これらの門人たちのことを思うと、無造作にはこの国を去りかねたのである。

彼は、以前にも、ほんの僅かの間ではあったが、一度衛に遊んだことがあった。それは、彼が魯の大司寇を辞めた直後であった。その後、鄭に行き、陳に行き、再び衛に戻って来たのであるが、彼はそうした遊歴の間に、いやというほど諸侯の心情の浅ましさを見せつけられた。で、彼の心境は、徒らに明君を求めて放浪するよりは、静かに子弟の教育に専念したい、という風に傾きかけていたのである。現に彼は、陳にいた時、

「[*1]一日も早く郷里の魯に帰って、理想に燃えている純真な青年たちの顔が見たい。彼等はまだ中道を歩むことを知らないが、よく導いてさえ行けば、どんなにでも伸びる。浅ましい諸侯などを相手にしているより、どれだけいいか知れない。」

といったような感想を、しみじみと洩したくらいである。

衛の門人たちも、彼の心を惹きつける点において、魯の門人たちと少しも変るところがなかった。霊公の無道と、夫人南子の乱倫とに濁らされた空気は、彼にとって、いかにも息苦しかったが、若い門人たちと詩書礼楽を談じ、政治の理想を論じ

ていると、彼は少しも異境にあるような気がしなかった。彼はこうした境地において、到るところに彼の心の故郷を見出すことが出来たのである。

　こうして彼は、衛を去る決心をしてからも、永い間門人たちを相手に日を送っていた。丁度われわれが、旅に出る前に、子供たちを抱き上げて頰ずりするように、彼は彼の門人たちの心を、その大きな胸の中に抱きとって、仁の光に浸らせようと努めていたのである。

　門人[*2]の一人に王孫賈がいた。門人とは云っても、衛の大夫で軍政を司る身分であった。霊公の無道にも拘らず、国が亡びないのは、彼の軍政と、仲叔圉の外交と、祝鮀の祭祀があるためだ、と孔子も讃めていたほどの人物である。

　王孫賈が、孔子をいつまでも衛にとどめて置きたがっていたのは、いうまでもない。彼は考えた。

（孔子は内心衛にとどまりたがっている。ただ霊公がひどく彼を煙たがっているので、孔子としては、近づこうにも近づけないのだ。ここは一つ、自分が仲にはいって、何とかうまくまとめねばなるまい。しかし霊公を説き落すのはなかなかである。やはり、孔子の方から進んで接近するように仕向けるより仕方がない。説くに道を以てして動きやすいようにしてやれば、孔子もそう意地は張らないだろう。しかし、今すぐ霊公にぶッつかれと云っても、それは無理である。かりにぶッつかったにしたところで、結果はかえって藪蛇だ。この際は、一先ず大夫としての自分を扶けてもらい、その実績をいやでも霊公に見せてやるようにした方がよい。目前に実績があがりさえすれば、霊公も今までのように敬遠ばかりもして居れまいし、孔子の方だって、実際問題に即して霊公を説くことが出来るであろう。）

そう考えて、ある日、他の門人たちのいない時刻を見計らって、孔子の宿に車を走らせた。

みちみち、彼は、この計画がうまく行った場合の自分の立場を、心に描いて見た。

（自分は、孔子というすばらしい背景をもって、これから仕事をやって行く。民衆の信望が次第に自分に集って来る。流石の霊公も、それに押されて行いをつつしむようになる。民衆はますます自分の徳をたたえる。そのうちに、いよいよ孔子を正式に採用してもらって、直接枢機に参画させる。そうなると政治はますますよくなる。しかし孔子は決して功を争うような人でなく、しかも自分に対しては心から感謝するであろうから、一切の功を自分に譲ってくれるに相違ない。だが、自分はその名誉を決して独占してはならない。仲(ちゅう)・祝(しゅく)の二大夫(たいふ)に対しては、あくまで謙譲(けんじょう)の徳を守って、怨(うらみ)を買わないように努めねばならぬ。その結果、自分の声誉(せいよ)が彼等以下に下ることは、決してない。否、かえって……)

と、彼は万人に敬愛されている自分の姿を想像して、眼を細くした。そして次の瞬間に、ふと彼の頭に浮んだのは、帝堯(ぎょう)が舜(しゅん)を挙げてその位(くらい)を譲ったという、すばらしい古代の歴史であった。

　もしもその時、彼の車が、凸凹(でこぼこ)道にさしかかって、彼の尻をいやというほど突きあげなかったなら、彼の空想は、彼自身と舜(しゅん)とをどんな風に結びつけたか、知れたものではなかった。

　幸か、不幸か、彼は尻を突き上げられて、遽(にわ)かに自分にかえった。そして思わず、

「あッ、これはいけない！」

　と叫んだ。御者(ぎょしゃ)はそれを聞くと、少し馬の手綱をしめながら、

「このごろは、人民共(じんみんども)が、路の修繕をなまけて居(お)りまして。」

　と云った。しかし王孫賈(おうそんか)の心は、全く別のことに支配されていた。彼は古代帝王の禅譲(ぜんじょう)にまで発展した自分の連想を、急いで揉み消そうとして、しきりに胸のあた

りを撫でていたのである。

（[*3]こんな空想を抱いたままで、孔子の前に出たら、それこそ何もかもおしまいだ。彼はすぐ相手の心を見すかしてしまうのだから。ついこの間も、彼はわれわれに対して、人間というものは、どんなに自分を隠そうとしても、見る人が見ると、すぐ正体を現わすものだ、と云って、人物の鑑識法を教えてくれたが、聴いていてうす気味が悪かった。彼の鑑識法というのは、人の行為やその動機を見ると共に、その人の心に落ちつきどころ、つまり、何を真に楽しみ、何に心が安んじているかを見よ、というのだが、彼は相手のほんの一寸(ちょっと)した眼の動きかたからでも、すぐそれを見ぬいてしまうのだから、たまらない。とにかく、孔子の前に出るには、私心は絶対禁物だ。）


そう考えて、彼は彼の途方もない空想を、やっと払いのけることが出来たが、さて、空想から醒めてみると、今度はあべこべに、丁度深酒を飲んだ翌朝のような、変な淋しい気分になってしまった。そして自分は一(いっ)たい何をしようとしているんだ、自分の計画そのものが、元来非常識極まることではあるまいか、と心配しはじめた。

（孔子は、直接霊公(れいこう)に仕えるのでなくて、一大夫(たいふ)の政治顧問になるんだと聞かされたら、果してどんな顔をするだろう。しかも、その大夫というのは自分だ。孔子にとっては、一門人にすぎないこの自分だ。）

彼は車の中でいらいらし出した。もっとよく考えてからにすればよかったと後悔した。しかし、今更引きかえすのも変である。予め孔子と時間まで打合せてあるのだから。

路には凸凹が無くなった。車がいやに早く走るような気がする。

何か外の用件にしてしまおうか、とも考えて見たが、それもとっさには名案が浮ばない。

とうとう車は孔子の宿の門前まで来てしまった。宿というのは、子路の義兄に当る顔讎由という人の家である。

浮かぬ顔をして、彼は車を下りた。出迎えの人の挨拶を聞くのが、彼にはたまらなく煩さかった。しかし、顔を横にそむけたり、悄然と首垂れたりするのは、大夫にふさわしい姿勢ではなかったので、彼は門をくぐると、視線を屋根の上に注いで、真直に歩いた。

厨房の屋根と思われる辺から、黄色い煙が昇っているのが、彼の眼についた。彼はその煙を見ると、何ということなしに、竈を連想した。

ところで、彼が竈を連想したということは、彼にとって、何という幸運なことであったろう！

（占めた！）

と、彼は心の中で叫んだ。

天の啓示というのは、実際こんな場合のことをいうのかも知れない。彼は煙を見て竈を連想した瞬間、彼を現在の苦境から救い出すのにもっとも都合のいい一つの諺を、何の努力もなしに思い浮べることができたのである。その諺というのは、

「奥に媚びんよりは、寧ろ竈に媚びよ。」

というのであった。

奥というのは、室の西南隅で、中国の家で最高の祭祀を行う場所である。しかし特別な祭神というものはない。竈は、戸の神、土の神、門の神、道路の神と相並んで、五祀の一つをなす炊事飲食の神を祭る場所である。五祀は地位は低いが、それぞれに祭神があり、祭の内容も実質的である。これに反して奥は地位は高いが、特定の祭神もなく、五祀の祭典のあと、その尸を迎えて形式的な祭をなすに過ぎない。

王孫賈がこの諺を思い浮べて喜んだのは、奥はあたかも霊公に相当し、竈は自分に相当すると思ったからである。

彼は、そ知らぬ顔をして、この諺について孔子の批判を求め、もし孔子が、場合によっては竈に媚びることも許されていい、という意見であるならば、率直に自分の胸中を披瀝して、具体的の話をしようし、さもなくば、その問題には全くふれないで帰ろうという考えなのである。

（窮すれば通ず、とはよく云ったものだ。）

彼は孔子の室にはいる前にそう思った。

孔子は何か瞑想にふけっていたようだったが、王孫賈が来たのを知ると、立って彼を迎えた。

「お淋しくていられましょう。」

孫賈は座につきながら云った。それは、孔子がまだ浪々の身でいるのに対して、挨拶のつもりだったのである。

「私の門人に顔回という青年がいますが、どんなに窮迫しても、何か深く心に楽むところがあるように見受けられます。」

孔子は顔回に事よせて自分の心境を語った。孫賈はいささか顔を赤くした。それでも、

「霊公は、絶対に先生をお用いにならないお考えでは決してありません。ただいろいろ事情が複雑して居りますために、延び延びになっているような次第で……」

と、やはり彼の話は、孔子の仕官の問題にこびりついていた。彼は、例の諺を持ち出すには、一先ず話題を全く他の方面にそらした方がよい、とは思ったが、それがどうもうまく行かなかった。孔子の方で都合よく話題をそらしてくれても、彼の話はともするとその方にもどりがちであった。

彼はしかし、とうとう機会をつかまえた。それは二人の対話が一寸途切れた時であった。彼は急に思い出したかのように孔子に訊ねた。

「先生、私は若い頃、奥に媚びんよりは寧ろ竈に媚びよ、という諺を聞かされる毎に、あまり愉快な感銘を受けませんでしたが、この頃政治の実際にたずさわって見ますと、これにも一面の真理が含まれているように思えてなりません。間違っていましょうか。」

孔子は一寸眉をひそめた。それから相手の顔を穴のあくほど見つめた。そしてか

すかに微笑を洩しながら云った。

「爪の垢ほどの真理も含まれてはいますまい。」

孫賈は、孔子の否定的な答えを充分予期してはいたものの、孔子の態度や言葉つきに、いつもに似ぬ辛辣さを感じて、氷室にでも投げ込まれたように、身をすくめた。


孔子は、居ずまいを正して言葉をつづけた。

「われわれは、ただ天道に背くことを懼るべきです。罪を天に獲ては何処にも禱るところはありません。」

孫賈は殊勝らしくうなずいた。それは、天が一切の支配者であり、真理の母だからです。しかし心の底では、孔子が仕官を求めていながら、方便ということを知らないのを、少しもどかしく思った。

（芸がないのにも程がある。こんな調子では、どうも当分見込はないだろう。）

そう思って、彼はいい加減に切りあげようとした。すると孔子は念を押すように云った。

「竈に媚びないばかりでなく、奥にも媚びないのが君子の道です。君子の道はただ一つしかありません。」

孫賈も、そうまで云われて、孔子の真意を悟らない男ではなかった。やはり、自分の心をはっきりと見とおしていたのだ。そう思うと彼は、羞恥と失望とで、ぶるぶるとふるえた。

しかし、彼が真に孔子の人物の高さを知ることが出来たのは、この時であった。そして、この事があってから間もなく、晋の国の趙簡子が、孔子を迎えるために、わざわざ衛の国に使者を遣わした時、彼は国境まで孔子を見送って、一語でも多くその教えをうけることにつとめた。

＊1　子陳に在りて曰く、帰らんか、帰らんか。吾党の小子、狂簡にして、斐然として章を成す。之を裁する所以を知らずと。（公冶長篇）

＊2　子、衛の霊公の無道なるを言う。康子曰く、夫れ是の如くば、奚ぞ喪わざると。孔子曰く、仲叔圉は賓客を治め、祝鮀は宗廟を治め、王孫賈は軍旅を治む。夫れ是の如し、奚ぞそれ喪わんと。（憲問篇）

＊3　子曰く、其の以す所を視、其の由る所を観、其の安んずる所を察せば、人焉んぞ廋さんや、人焉んぞ廋さんやと。（為政篇）

匡の変

子匡に畏す。顔淵後れたり。子曰く、吾女を以て死せりと為せりと。曰く、子在す。回や何ぞ敢て死せんと。

——先進篇——

子匡に畏す。曰く、文王既に没して、文茲に在らずや。天の将に斯の文を喪さんとするや、後死の者斯の文に与るを得ざるなり。天の未だ斯の文を喪さざるや、匡人其れ予を如何せんと。

——子罕篇——

「そうです、今思うと、このまえ陽虎の供をして来た時には、あそこからはいったのでした。」

顔刻は、御者台から策をあげて、くずれ落ちた城壁の一角を指しながら、孔子に云った。

孔子の一行は、衛を去って陳に行く途中、今しも匡の城門にさしかかったところである。——匡は国境に近い衛の一邑である。

「あの時は、陽虎もずいぶん乱暴を働いたそうじゃな。」

孔子は、車の窓からあたりの景色を眺めながら、感慨深そうにいった。——陽虎というのは、魯の大夫季氏の家臣であったが、陰謀を企てて失敗し、国外に逃れ、匡に侵入して暴虐を働いた男である。

「ええ、全く無茶でした。掠奪はするし、婦女子は拘禁するしで、今でもさぞ匡の人たちは怨んでいることでしょう。」

「お前も、その怨まれている一人じゃな。」

「お恥かしい次第です。しかし、あの時はどうにも出来なかったのです。供をするのを拒みでもしたら、それこそ命がなかったのですから。」

「で、お前も一緒になって、何か乱暴をやったのか。」

「とんでもない事です。乱暴をやらなかったことだけはお信じ下さい。私が陽虎のところを逃げ出したことでも、それはおわかり下さるでしょう。」

そんなことを話しながら、間もなく一行は城門を入って、予定の宿舎についた。しばらくは何事もなかった。ところが、夕飯をすまして一同がやっと寛ろぎかけたところ、門外が急にざわつき出した。二三の門人たちが、不思議に思ってかけ出して見ると、いつの間にか、塀の周囲は、武装した兵士ですっかり取囲まれていた。

「どうしたのです。」

門人の一人が、おずおず門のすぐわきに立っている兵士に訊ねた。

兵士はぎろりと眼を光らしたきり、返事をしなかった。そして、他の兵士に何かひそひそと耳うちした。耳うちされた兵士は、二三度うなずくと、すぐどこかに走って行ってしまった。

門人たちは、うす気味悪く思いながらも、しばらくあたりの様子を見ていた。すると、さっき耳うちされた兵士が、隊長らしい、いかつい顔をした髯男と一緒にもどって来た。

「命令があるまでは、この家から一人たりとも門外に出すのではないぞ。よいか。」

いかつい顔が、近くにいる兵士たちを睨めまわしながら云った。ついでに彼は、孔子の門人たちの顔を、一人一人、穴のあくほど見つめた。

門人たちはまだわけが解らなかった。しかし、自分たちに関係のないことではないらしい、ということだけは、おぼろげながら推察が出来た。で、彼等は急いで門内にはいって、みんなにその様子を報告した。

「なあに、われわれに関係したことではあるまい。或は何かの間違いかも知れないが。……とにかく、みんな静かにおやすみ。用があれば、今に何とか先方から云って来るであろう。」

孔子は、事もなげにそう云って、自分の室に引きとった。

みんなは、しかし、落ちつかなかった。ことに顔刻は、不安そうな顔をして、何度も窓から外をのぞいた。

「よし僕が真相をしらべて来る。」

子路がたまりかねて、剣をがちゃつかせながら、一人で門外に飛び出した。

間もなく彼は帰って来たが、かなり興奮していた。

「馬鹿馬鹿しい。あいつらは、先生を陽虎と間違えているんだ。」

「なに、陽虎と？」

門人たちは、みんな呆気に取られた。

「そうだ。今日車の中に、たしかに陽虎が乗っているのを見たというんだ。」

「驚いたね。」

「しかし、無理もない点がある。何しろ、先生のお顔は、われわれが見ても、どうかしたはずみには、陽虎そっくりに見えるんだから。」

「それにしても、少しひどいよ。お供の様子を見ただけでも、大抵わかりそうなものじゃないか。」

「ところがそのお供にも、大きな責任があるんだ。」

「何だ、われわれにか。」

「いや、みんなというわけではない。実は顔刻が御者台にいたのが間違いのもとさ。」

「なるほど。また陽虎の供をして来たと思ったんだな。それに先生のお顔が陽虎そっくりと来ているんでは、疑われるのも無理はない。」

顔刻は、気ぬけがしたような顔をして、みんなの話をきいていた。

「しかし、孔子の一行だということを話したら、すぐわかってくれそうなものじゃないか。」

「ところが、そう簡単に行きそうにないんだ。何しろこの土地では陽虎に深い怨みがあるし、うっかり欺されて逃がしてしまったら、住民が承知しないというんだ。」

「でも、先生に顔を出していただいたら、まさか飽くまでも陽虎だとはいうまい。」

「それがあてにならないんだ。何でも、この土地で陽虎の顔を一番よく知っている簡子という男が、先生を陽虎だと言い張っているらしいのでね。」

「では、どうすればいいんだ。ぐずぐずしていると、今に乱入して来るかも知れないぞ。」

「いや、そんな乱暴は滅多にはやるまい。ほんとうの孔子の一行に、無礼があってはならないということは、よくわかっているので、今は大事をとっているところらしい。」

「それにしても、邑内に先生のお顔を知っている者が、一人ぐらいはいそうなものだね。」

「それがいると問題はないのだが、困ったことには、顔刻や陽虎の顔は知っていても、先生にお目にかかった者が一人もいないというんだ。」

「で、結局どうしようというのかね。」

「孔子の一行だということがはっきりするまでは、このまま閉じこめて置く考えらしい。」

「おやおや。で、一たい、いつまで待てばいいんだ。」

「少くも調査に三四日はかかるだろうと云っていた。早速方々に人を出しているそうだ。」

「馬鹿馬鹿しい。そんなのんきな話があるものか。」

「仕方がない。これも天命だろうさ。しかし、あまり永びくようであれば、こちらにも決心がある、と、そう云っておいた。」

「うむ、それはよかった。」

「ところで先生はもうお寝みかね。」

「まだだと思うが……」

「とにかく、先生にも一応事情をお話しておこう。」

子路はそう云って孔子の室に行った。

門人たちは、子路が去ると、急に黙りこんで顔を見合せた。塀の外からは、おり
おり兵士たちの叫び声や、佩剣の音が聞えて来た。顔刻はその音を聞くたびに、眼

玉をきょろつかせて、みんなの顔を見まわした。

子路は再びはいって来て云った。

「先生は、こちらからあまり突ッつくようなことをしないで、静かに待っている方がいい、と仰しゃる。ただ先生が心配していられるのは、顔淵のことだ。」

顔淵は、一行におくれて、その夜晩く匡につくことになっていたのである。

「そうそう。顔淵のことはついうっかりしていた。もうそろそろ着くころだが、事情を知らないで、うかうかとわれわれの宿を探しでもすると、変なことになるかも知れないね。」

「用心深い男だから、滅多なことはあるまいと思うが……」

「それにしても、まさかこんな事があろうとは、夢にも思っていないだろうからね。」

「何とか方法を講じなくてもいいのか。」

「方法って、どうするんだ。」

「誰かこっそり城門の近くまで行って……」

「そんなことが出来るものか、こう厳重に取囲まれていたんでは。」

「いっそわれわれの方から、先方の隊長に懇談して見るのも一方法だね。」

「さあ、それも却って藪蛇になるかも知れない。」

　門人たちは、口々にそんなことを云って、ざわめき出した。

　それまで、一言も発しないで、腕組をしながら考えこんでいた閔子騫が、この時はじめて口を出した。

「顔淵はわれわれより智慧がある。先生もきっと、顔淵のためにわれわれが細工をすることを好まれないだろう。」

　冉伯牛と仲弓の二人も、最初から沈黙を守っていたが、閔子騫の言葉が終ると、いかにもそうだと云うように、深くうなずいた。すると子路が云った。

「実は先生の御意見もそのとおりだ。心配はしていられるが、こちらで細工をするより、本人に任した方がかえって安全だ、と仰しゃるんだ。」

　みんなは、孔子が顔淵を信ずることの非常に篤いのを知っていた。彼等のある者は、孔子が嘗て、

[*1]「顔淵は終日話していても、ただ私の言うことを聴いているだけで、一見愚かなように見えるが、そうではない。彼は黙々たる自己建設者だ。どんな境地に処しても

常に自分の道を発見して誤らない人間だ。彼は決して愚かではない。」

と云ったことを思い起した。で、誰も孔子の意に反してまで、顔淵のために手段を講じようとは云い出さなかった。

「すると、今夜は結局何もしないで、このまま寝るより仕方がないのか。」

「何だか落ちつかないね。」

「僕は寝たって眠れそうにないよ。」

みんなはそうした不安な気持を語りあいながら、それからもしばらく起きていた。しかし、いつまで起きていても仕方がないので、門外の様子に気を配りながら、やっとめいめいの床についた。

眠れない一夜が明けた。兵士たちの足音は夜どおしきこえた。そして顔淵はついに姿を見せなかった。

ところで、包囲は翌日も、翌々日も解けなかった。門人たちの不安は、刻々につのって行くばかりであった。孔子をはじめ、五六名の高弟たちは、さすがに落ちついているような風を見せてはいたが、顔淵の消息が、皆目わからないのには、彼等もすっかり弱りきった。時として、孔子の口からさえ、ため息に似たものが、かすかに洩れることがあった。それをきくと、門人たちはいよいよたまらなかった。

子路は少し気短かになって来た。孔子は絶えず彼の様子に気をつけて、出来るだけ彼の気持を落ちつけるように努めた。そのために、彼はしばしば楽器を奏で、歌を唄い、子路に合唱を命じたりした。

四日目の夜更けであった。孔子と子路とが門人たちに囲まれて、例によって歌を唄っているところへ、ひょっくり顔淵が戸口に姿を現わした。さすがの孔子も、歌を唄い終るまで我慢が出来なくて、飛びつくように、彼の方に走って行った。

「おお、よく無事でいてくれた。わしはもうお前が死んだのではないかと思っていた。」

顔淵は、眼に一ぱい涙をためて答えた。

「先生がまだ生きていられるのに、私だけがどうして先に死なれましょう。」

みんなもその時は総立ちになっていたが、二人の言葉をきくと、画のようにしいんとなって、動かなかった。

「まあお坐り。」

孔子は、手をとるようにして顔淵に席を与えた。そして、この三日間、どこにどうしていたか、また、どうして囲みを破って無事に家の中にはいることが出来たかを訊ねた。顔淵は答えた。

「あの晩城門をはいると、すぐ大体の様子がわかりましたので、そ知らぬ顔をして、別に宿をとることにしました。そして、先生の一行が衛から陳に行く途中、ここを通られたはずだということを、この四日間、出来るだけ住民に吹聴しました。そのうちに、こちらのお宿から絃歌の音が聞え出したのです。その時は何とも云えない感じでした。住民の中にも、その音をきいて、これは陽虎ではない。陽虎にあんなすぐれた音楽が出来ようはずがない、などと云う者も出て来たようです。で、私もいくぶん安心しまして、思いきって隊長に事情を話し、中に入れてもらうように交渉しますと、案外たやすく承知してくれました。尤も、中にはいる分には構わないが、一旦はいったら、二度と出られないかも知れない、などとおどかされましたが……」

門人たちは、安心とも不安ともつかないような顔をして、たがいに目を見合せた。

孔子は、久方ぶりに晴やかな笑顔をして云った。

「これで一行の顔もそろった。今後どうなろうと、みんな一緒だと思えば気が楽じや。今夜はゆっくり休ましてもらおうか。」

孔子がそう云って立上ろうとした時であった。門のあたりで、急に罵り合う声が聞えた。

「陽虎だ！　何といったって陽虎にちがいないんだ。」

「万一孔子の一行だったらどうする。」

「万一も糞もあるもんか。俺たちの家財も娘も台なしにしやがった陽虎じゃないか。あいつの顔は、この俺の眼に焼きついているんだ。」

「そりゃそうかも知れない。しかし、もうあと一日だ。せっかく今まで我慢したんだから、明日まで待ってくれ。」

「明日まで待ったら、間違いなく俺たちに引渡すか。」

「そりゃ隊長の命令次第さ。」

「それ見ろ。そんなあいまいなことで、俺たちをごまかそうたって、駄目だ。」

「ごまかすんじゃない。今調査中なんだ。明日までには、きっとはっきりするんだ。」

「ふん、何が調査だ。あいつらの音楽にたぶらかされて、隊長自身が、孔子の一行にちがいない、などと云い出すような調査は、糞喰(くそくら)えだ。」

「何も音楽だけで決めようというのではない。世間の噂でも、孔子がここを通られることは、たしからしいのだ。」

「それも、二三(にさん)日前から、変な奴がここいらをうろついて、云いふらしたことなんだろう。」

「そればかりでもないさ。」

「じゃあ、どんな証拠があるんだ。」

「証拠は隊長のところにある。」

「そうれ、知るまい。自分で知らなきゃあ、すっこんでいろ。俺たちは俺たちの考えで勝手にするんだ。……おい、みんな来い。」

「待てッたら。」

「畜生、なぐったな。」

「命令だ！」

「何を！」

小競合(こぜりあい)が始まったらしい。つづいて群集の喊声(かんせい)、兵士たちのそれを制止する叫び声、どたばたと走りまわる足音、佩剣の響き、物を抛げる音などが、騒がしく入りみだれた。

門人たちは、孔子を取巻いて、硬直したように突っ立った。誰の顔も真青だった。中には、がちがち軀をふるわせている者もあった。

孔子は、一寸眼をつぶって思案していたが、しずかに眼を開くと、門人たちの顔を一巡見まわした。

「恐れることはない。みんなお掛け。」

彼はそう云って席についた。門人たちも、腰をおろすにはおろしたが、その多くは上半身を浮かしたままであった。

孔子は、厳かな、しかもゆったりした口調で話し出した。

「文王が歿くなられて後、古聖人の道を継承しているのは、このわしじゃ。わしはそう信じる。そして、これはまさしく天意じゃ。永遠に道を伝えんとする天意のあらわれじゃ。もし道を亡ぼすのが天意であるなら、何で、後世に生れたわしなどが、詩書礼楽に親しむことがあろう。天はきっとわしを守って下さる。いや、わしのこの大きな使命を守って下さる。天意によって道を守り育てているこのわしを、匡の人たちが一たいどうしようというのじゃ。みんな安心するがよい。」

半ば腰を浮かしていた門人たちは、やっとめいめいの席に落ちついた。

「それに――」と、孔子はつづけた。

「人間[*2]というものは、心の底を叩けば、必ず道を求め、徳を慕うているものじゃ。だから徳には決して孤立ということがない。どんなに淋しくても、徳を守りつづけて行くうちには、誰かはきっとこれに感応して手を握ろうとする。匡の人たちも、やはり同じ人間じゃ。現に、陽虎を悪んでも、この孔子を悪んでは居らぬ。心配することはない。ただ天を信じ、己を信じて、正しく生きてさえ行けば、道は自然に開けて来るものじゃ。」

門外の騒ぎは容易に治まらなかった。しかし、それに引きかえて、室内は、誰一人息をする者もないほど、静まりかえっていた。

孔子は、話を終ると、もう一度みんなの顔を念入りに見まわして、しきりに一人でうなずいた。そして、最後に、隅っこに小さくなって坐っている顔刻を見つけると、彼は急に笑顔になって云った。

「ほう、顔刻もまだ無事で結構じゃ。」

顔刻はいよいよ小さくなった。

「では、子路――」

と、孔子は、やはりにこにこしながら、子路を顧みた。

「また一緒に文王の楽でも始めようか。」

子路は、今まで汗が出るほど握りしめていた剣を、鞘ごと自分の前に突っ立てて、右手でそれを叩きながら、調子をとりはじめた。

二人の喉からは、やがて朗々たる歌声が流れ出した。他の門人たちは、しばらくそれに耳をすましていたが、間もなくそれに合せて、ある者は唄い、ある者は剣を叩いた。

門外の騒音と、屋内の旋律とは、かなり永い間、星空の下にもみ合っていたが、騒音は次第に旋律に圧せられて、小半時もたつと、匡の人々は、子守唄でも聞きながら、深い眠りに落ちて行くかのようであった。

翌日は、隊長をはじめ、匡の役人たちが五六名、礼を厚うして孔子に面会を求めた。

誰よりも生きかえったようになったのは、顔刻であった。しかし彼は、その日の出発に際して、どうしても孔子の車の御者台に乗ろうとはしなかった。

＊1　子曰く、吾回と言う。終日違わざること愚なるが如し。退きて其の私を省れば、亦以て発するに足れり。回や愚ならずと。（為政篇）

＊2　子曰く、徳は孤ならず、必ず鄰ありと。（里仁篇）

司馬牛の悩み

司馬牛憂えて曰く、人皆兄弟あり、我独り亡しと。子夏曰く、商之を聞けり、死生命あり、富貴天に在りと。君子敬して失うこと無く、人と恭にして礼あらば、四海の内、皆兄弟なり。君子何ぞ兄弟無きを患えんやと。

——顔淵篇——

司馬牛君子を問う。子曰く、君子は憂えず、懼れずと。曰く、憂えず懼れざる、斯れ之を君子と謂うかと。子曰く、内に省みて疚しからずんば、夫れ何をか憂え、何をか懼れんやと。

——顔淵篇——

司馬牛は、孔子の一行から少し離れて、とぼとぼとそのあとに蹤いた。一足ごとに彼の気が滅入って来る。みんながさも親しそうに話している様子が羨ましくてならない。自分も一緒になって歩きたいのは山々だが、一行が宋の国に殆ど足を留めないで、こうして去って行くのも、兄桓魋の無道な振舞からだと思うと、自然気がひけて、おくれがちになる。

(何という乱暴な兄を持ったものだろう。)

と、又しても彼は同じことを心の中で繰りかえして、深い吐息をついた。そして危難がせまって来た時の孔子の厳かな言葉を思い起して、粛然となった。――

「[*1]自分はこの徳を天に授かっている。もし自分に万一なことがあれば、それは天の心だ。桓魋などの力で、自分はどうにもなるものではない。」

何という自信のある言葉だ。しかも孔子は、人事をつくして天命を俟つというのか、こうして服装をかえ、輿にも乗らないで、忍びやかに去って行く。何という思慮ある行動だ。おそらく兄の方では、自分の威力に恐れて孔子が逃げ出した、とでも思っているだろうが、孔子は元来兄を人間扱いにはしていないのだ。

人間扱いにされない兄！　思っただけでもぞっとする。それに次兄の子頎と云い、三兄の子車と云い、どうして自分の兄弟はこう揃いも揃って悪人ばかりいるのだろう。宋の国がこんなに不安な状態になっているのも、全く三人がその兵力を恃んで非望をたくらんでいるからのことだ。

　それにしても、孔子は自分のことをどう思っていられるだろう。自分は真面目に孔子の教えを受けたいばかりに、こうして一行に加わってはいるものの、みんなの視線が、何かの拍子に自分に集るところを見ると、自分もやはり怪しまれているのではないだろうか。「血のつながりというものは争えないものだ。」と、どうもみんなの眼が、そう云っているように思えてならない。孔子だけは、まさかとは思うが、それにしても、自分と視線があうと、すぐ眼をそらしてしまわれるのは、どうしたわけだろう。ああ嫌だ。考えると何もかも嫌だ。いっそこのまま逃げ出して、山奥にでもはいってしまおうか、だが、そうなると、ますます疑われるだけだ。とうとう兄たちのところに帰って行った、などと思われるくらいなら、むしろみんなに足蹴にされる方がましだ。

　司馬牛は、そんなことを考えているうちに、一行から一町（約一〇〇メートル）以上もおくれてしまった。誰も彼の方をふり返らない。思いなしか、それがわざとのように思えて、彼はますます淋しい気持になる。急いで追いつこうという気がしない。

日暮に近い風が急にひえびえと襟をかすめる。――秋である。

路はゆるやかな上り坂になっていた。一行は、もう峠を越えかかっている。つぎつぎにみんなの姿がかくれて行く。その最後の一人がかくれてしまうと、彼の眼がしらが急に熱くなって、思わず涙が頬をつたった。彼は声をあげて泣きたくさえなった。

「おうい、どうしたあ――」

子夏の声である。子夏が再び峠に引きかえして来て、司馬牛を呼んだのである。司馬牛は急いで涙を拭いた。そしてそ知らぬ顔をして足を早めた。

「足が痛むんじゃないかね。」

「いいや、大丈夫。」

「つい話に夢中になって、君がおくれていることに、ちっとも気がつかないでいた。先生に注意されて、みんなはじめて知ったんだ。」

子夏の口吻には少しのこだわりもなかった。司馬牛はうれしかった。孔子が最初に気がついて注意してくれたというのも、彼には嬉しいことの一つであった。

「何だか元気がないようだね。」

子夏は彼と並んで歩きながら云った。一行は立止まって、二人が峠にあらわれるのを待っていたが、二人が揃って坂を下りかけたのを見ると、すぐまた歩き出した。

「そう見えるかも知れない。僕は実際淋しいんだ。」

司馬牛は、しばらく間をおいてそう答えたが、彼の胸は、また次第に重くなって行くのであった。

「君の気持はよくわかる。しかし、君自身に罪はないじゃないか。みんなはむしろ君を気の毒に思っているんだ。」

「…………」

沈黙がしばらくつづいた。司馬牛は二三度大きな吐息をついてから云った。

「僕には、もう兄弟がないんだ。みんないい兄弟を持っているのに、僕にはそれがないんだ。」

今度は子夏が吐息をついた。しかし彼はすぐそれを笑いにまぎらしながら、

「そんな感傷は止したまえ。先生がいつも云って居られる通り、死生や富貴が天命なら、兄弟に縁のないのも、やはり天命さ。おたがい、心に敬しみを持ち、その心を以て社会生活を整えて行く努力をしさえすれば、四海到るところに兄弟は見出せ

る。何も肉親の兄弟ばかりが兄弟ではあるまい。現に、すぐ目の前に君の心の兄弟が何人も歩いているではないか。」

「ほんとうにみんなは僕を兄弟だと思ってくれるだろうか。」

「今更何を云ってるんだ。どうも君は自分で自分をつまらなくすることばかり考えている。もっと自信を持ちたまえ。」

司馬牛の足どりは幾分軽くなった。

「さあ、みんなと一緒になって歩こう。」

子夏は彼をせき立てて、大股に歩き出した。

二人が一行に追いついたのは、坂を下りきった橋の袂のところであった。みんなはそこでしばらく足を休めた。子游と子夏とはあたりの景色を眺めながら詩を吟じた。宰我と子貢とは相変らず立ったままで議論をつづけた。子路と冉有とは今夜の宿の相談をした。顔淵、閔子騫、冉伯牛、仲弓の四人は並んで腰を下したが、めいめいに何か考えに耽っているようだった。

孔子は少し離れたところに一人腰を下して、じっと水に見入っていた。

司馬牛は、しばらくみんなの様子を見まわしていたが、意を決したように、孔子の前に進んで行った。

孔子は彼に気づくと、静かに顔を上げて微笑した。

「先生、御心配をおかけしまして、相すみません。」

「別に工合のわるいことも無かったようじゃな。」

「いいえ、別に。……少し考えごとをしていたものですから。」

「考えごと？　と云うと？」

孔子の顔は少し曇った。司馬牛は、あからさまに自分の悩みを打明けるつもりだったが、孔子がすでに自分の胸のうちを見すかして、批難しているような気がしたので、とっさに思いつきの質問をしてしまった。それは、彼等の間に常に使われる「君子」という言葉の意味であった。

孔子は、その質問をうけると、一寸眼をとじた。そしておもむろに答えた。

「君子は憂うることがない。また懼れることがない。」

司馬牛は、君子の説明としては、少しあっけないような気がした。しかしまた何か深い意味があるようにも思った。彼は再び訊ねた。

「憂えず懼れないというだけで、君子と云えましょうか。」

「憂えず懼れないということは、誰にも出来ることではない。それは自ら省みて疚しくない人だけに出来ることなのじゃ。」

司馬牛は一応孔子の意味を理解した。しかし、まだ彼は、それを自分の問題に結びつけて考えてはいなかった。孔子はもどかしそうに云った。

「人の思惑が気にかかるのは、まだどこか心に暗いところがあるからじゃ。」

司馬牛はひやりとした。何だ、自分の事だったのかと思った。そして心に暗いところがあると云われたのが、恐ろしく彼の神経を昂ぶらせた。孔子はそれを見逃がさなかった。そして司馬牛が何か弁解をしようとするのを押さえるように、

「君が、兄弟たちの悪事に関わりのないことは、君自身の心に問うて疑う余地のないことじゃ。それだのに、なぜ君はそんなにくよくよするのじゃ。なぜ乞食のように人にばかり批判を求めるのじゃ。それは、君が君自身を愛しすぎるためではないかな。……われわれには、もっと外にすることがある筈じゃ。」

司馬牛のこれまでの悩みは一時に吹きとんだ。しかし、同時に彼は一層大きな悩みにつき入る用意をしなければならなかった。それは人間の大きな道が、巌のように彼自身の前に突っ立っているのを発見したからである。

＊1　子曰く、天徳を予(われ)に生ぜり。桓魋(かんたい)其(そ)れ予(われ)を如何(いかん)せんやと。(述而(じゅつじ)篇)

孔子と葉公

葉公孔子に語りて曰く、わが党に躬を直くする者あり。その父羊を攘みて子これを証すと。孔子曰く、わが党の直き者は是に異なり。父は子の為に隠し、子は父の為に隠す。直きことその中に在りと。

——子路篇——

葉公沈諸梁は、孔子が門人たちを引きつれて、自分の国にやって来てから、ひどく憂鬱になっている。

彼はまだ孔子に会っていない。実はあまり会いたくないのである。というのは、葉は国とはいうものの、もともと楚の一地方でしかない。然るに、楚が侯国でありながら王を僭称しているのにならって、彼も自ら公と称することにしている。孔子がそれを面白く思っていないのは明かだし、ひょっとしたら面と向って何とか云い出すのかも知れない。そう思うと先ず気がひける。

それに、第一、彼は先王の道などを真剣に自分の国に用いようとする意志がない。迂遠な道徳論なんか、今の時勢では、実際政治の邪魔になるばかりだと考えている。体裁だけの理窟なら、別に孔子に聴かなくても、自分でも相当心得ているつもりだ。孔子に会えば、どうせ正面からは反対の出来ないようなことを献策されるだろうが、うっかり話に乗っていると、人民共は耳が早いから、それがすぐにも実現するように思って、糠喜びをするかも知れない。この糠喜びという奴が政治には何より毒だ。子供だって食べものを見せないうちは案外おとなしくしているが、一度それを見せてから与えないと、全く手に負えなくなるものだ。何でも人民共は、孔子がやって来たということを聞いただけで、今にこの国の政治が善くなるだろう、などと噂しているそうだから、いよいよ自分が会って政治上の指導でも受けたとなると、あとが思いやられる。藪をつついて蛇を出すようなことは、まず控えた方が得策のようだ。

だが、あれほど評判の高い人が、わざわざこの国にやって来たというのに、まるで知らん顔をするのも、何だか気がとがめる。もし人民に誠意を疑われでもしたら、結果はやはり面白くない。それに隣国に対する面目も、一応は考えて見なければならない。万一隣国で、葉は小国だから聖人を遇する道を知らないとか、或は、孔子の方ですっかり見切りをつけて相手にしなかったとか、噂されたら、それこそ恥辱だ。或はそんなことが、将来外侮を受ける原因にならないものでもない。

もっとも、どこの国でも、喜んで孔子を迎えはしなかったようだ。彼の郷国の魯ですら、一度は彼を重用して置きながら、今ではまるで構いつけもしないという話だ。或は聖人というのは名ばかりで、実は大してさわぐほどの人物ではないのかも知れない。もしそうだと、却って会った方がいい。会って化の皮をひんむいてやれば、人民共も安心するだろう。

[*1]そう云えば、一つ腑に落ちない事がある。はじめて人の国を訪ねて来たら、いくら聖人でも、いや聖人ならなお更のこと、その国の君主に、先ず自分の方から謁見を願い出るのが礼というものだ。それだのに、門人の子路なんかを、何の用ともつかずによこして置いて、まるで一国の君主を餌で釣るような真似をしている。国が小さいので軽く見ているのかも知れないが、君主たるの資格は、国の大小には拘らないはずだ。しかも、あの子路という奴が気に喰わない。いやに傲然と構えて、こ

ちらから孔子の人物を訊ねて見ても、ろくに返事もしない。何でも、あとで孔子は、

「寝食を忘れて精進努力し、ひたすらに道を楽んで、老の将に到らんとするのも知らないでいる、と答えたらよかったではないか。」

などと云っていたそうだがそんなことを云うところを見ると、いよいよ喰わせ者のように思えてならない。

だが、それにしても——と、彼の考えはまた逆もどりする。彼は、懸命に孔子を無視しようと努めては見るが、努めれば努めるほど、却ってまだ見ぬその姿が、重々しく彼の胸を圧迫する。彼は、自分の宮殿のまん前に、だしぬけに山が出来て、それが日毎に大きくなって行くような気がしてならないのである。

重臣たちの中には、葉公が孔子を引見しないのを、内心喜んでいる者もあった。しかし、彼等は口に出してそれを云おうとはしなかった。

真面目な重臣たちは、葉公の優柔不断を心配した。そして、相手が偉すぎるので葉公も気おくれがしているのだろう、と察して、それとなく彼を激励した。しかし葉公にとっては、臣下からの激励は一種の侮辱でしかなかった。彼は妙に反撥した。

（今に見ていろ、一ぺんで孔子をへこまして見せるから。）

けれども、孔子をへこませるような立派な政治上の意見は、彼の頭の中のどこにも用意されていなかった。そして、いらいらした気分で、十日、十五日と経ってしまった。

そのうちに、真面目な重臣たちは、世間の思惑を考えて、自分たちだけでも孔子に会って置いた方がいい、と考えた。で、代る代る孔子の宿を訪ねて教えをうけた。若い臣下たちや、まだ志を得ないでいる青年たちがそれに倣った。またたく間に、孔子の門前は市をなすに至った。そして彼の名声は日に日に高くなるばかりであった。

すべてこうした事は、葉公にとって、ますます不利であった。ついに誰いうとなく、

「葉公にはどうしても聖人に会えないような、やましいことがあるのだ。」

というような声が、巷に聞えて来た。真面目な重臣たちは、放っておけないと思って、流言を取締ると共に、思いきって葉公にもその事を云った。葉公はむろん不愉快に思った。そして、

「勝手に孔子を訪ねたお前たちこそ、その責任を負うべきだ。」

と云いたかった。しかし彼はむかつく胸をやっとおさえて、孔子の人物について彼等の見るところを話さした。彼は、一つでも孔子の欠点だと思われるようなことを、彼等の言葉の間から見出そうと試みたのである。

彼のこの試みは、しかし、徒労に終った。彼等は口を極めて孔子を讃めそやすばかりであった。

（馬鹿な奴らだ。）

彼は心の中で、強いてそう思った。しかしそう思ったからと云って、それは、孔子との会見を正面から拒絶する理由には、どうしてもならなかった。

「お前たちが、それほど立派な人物だと思うなら、会って見よう。だが、わしと政治上の意見を戦わして、もしわしが勝ったら、今後は一人たりとも、孔子の門に出入りしてはならないぞ。」

彼は、何の自信もなかったが、そんな強がりを云って、孔子との会見を承知してしまった。日取は明日ということになった。

その晩の彼の苦心は実に惨憺たるものであった。彼の今日までの政治的体験から、自ら省みて恥じないような事績を探し出すことは非常に困難であった。ただ彼には、一つだけ自信のもてることがあった。それは、厳罰主義で臨んでいる結果、法律が領内によく行われているということであった。けれども、厳罰主義を人民がいやがっていることは、彼もよくよく承知しているので、大びらにそれを云うわけには行かなかった。出来れば、厳罰主義のことを云わないで、人民に遵法の精神がみなぎっているような風に話す工夫はあるまいか、と考えた。

ふと彼は、数カ月前、役人から受けた報告の中に、非常に感ずべき事件のあったことを思い出した。

(そうだ、あれは全く珍らしい事件だった。あれなら誰が聞いても、人民に遵法の精神が横溢している結果だと思えるだろう。何しろ、親子の関係をすら超越して、国法を守ろうとしたのだから。)

彼は夜があけると、係りの役人を呼んで、もう一度、事件の内容を委しく書類によって調べさした。書類には次のようなことが書いてあった。

「某は、隣家から迷いこんで来た羊を、そ知らぬ顔をして自分のものにしてしまった。しかし、その羊が隣家のものであるということを説明する材料は、何一つなかった。そこで、この事件は、隣家の者の云いがかりだということに決定するより仕方がなくなっていた。ところが、某の息子が、わざわざ役所にやって来て、国法は曲げられません、私は正直を愛しますと、云って、羊が迷いこんで来た当時の事情を委しく申立てた。役所では、法律に従って厳重に横領者を罰すると共に、息子には規定通りの賞金を与えることにした。」

葉公は、息子の云った、「国法は曲げられません、私は正直を愛します。」という言葉を、特に印象深く聞いた。そして、幾度もその言葉を心の中でくり返しながら、孔子との会見の時刻を待った。

葉公が、孔子を一目見て、先ず案外に思ったのは、その衰えた風貌であった。六十を五つ六つもこしたかと思われるその顔は、日にやけて黒ずんでいた。衣裳もよれよれになっていて、いかにも見すぼらしかった。それに物ごしの柔らかなところが、全く彼の予想を裏切った。彼は、自分だけが今まで張りきっていたのを、馬鹿々々しいとさえ思った。で、急に軽い気持になって、口早やに訊ねた。

[*2]「せっかく、遠路この国にお立寄り下さいましたので、今日は政道についてのお考えを承りたいと存じます。」

孔子は、葉公のぺらぺらしたものの言いかたを、心元なさそうに聞いていたが、しばらくの間をおいて、ゆったりと答えた。

「御領内の、近くに住む人民を心から喜ばしてお上げなされ。」

葉公はちくりと刺されたような気がした。しかし、どこの国に行っても、同じようにこんなことを云っているのだろうと思うと、可笑しくもあった。

「人民は皆喜んで生業を営んで居ります。ことに都に近く住んでいる者共は。」

葉公は無造作に答えた。すると孔子はすかさず云った。

「さすれば、遠くの者は、公の風を慕って、どしどしお近くに居を移すでありましょうがな。」

葉公は、むしろその反対に、自分の勢力の及ばない境外へ居を移すものが、このごろ多いのを思い起して、ぎょッとした。そして、この老爺、相当にいろんなことを知っているな、と思った。

「いや、これは恐入りました。私の国はまだなかなかそこまでは行って居りませんので、今後は一層気をつけたいと存じて居ります。」

彼は正直にそう白状するより仕方がなかった。そして一刻も早く、自分の思う壺に話を引っぱりこんで行きたいと考えたので、すぐ語をついだ。

「[*3]ところで、政治というものは、民を喜ばすばかりが能ではなく、民を正しくすることが何より大切だと存じますが、如何なものでございましょうか。」

「それはその通りです。政は正なりと申しますくらいで。……尤も、上に立つ者の方で何が正しいかをはっきり理解して居りませんと、とんでもない結果になることもありますが……」

「私は人民を正しく導き得たという点では、相当の自信をもって居ります。」

葉公はいかにも自信ありげに、きっぱりと云った。孔子は少し呆れたように、彼の顔を見ていたが、

「それは結構でございます。もしそれが、本当の意味でお出来になりましたとすると、まさしく堯舜にも比ぶべき御政治でございます。」

葉公は、眼玉をくるくるさした。彼は孔子の言葉が大袈裟すぎたので、少し気味が悪かったのである。孔子はにこにこしながら、

「お国の人民が、どんな風に正しいか、もしその一二でもお聞かせ願えれば仕合せに存じますが……」

葉公は、しめたと思った。が、同時に、昨夜から考えて置いた、たった一つの例

では足りないことになりはしないか、と心配もした。で、彼は出来るだけ勿体をつけて、ゆっくりそれを話すことにした。

話の途中、孔子は幾度か眉をよせた。葉公はそれを見るたびに、少しずつ自信を失って行った。そして親を告発した息子に賞金を与えたことだけは、どうしても口にする勇気がなかった。

聞き終って孔子は云った。

「お国の正しい人間というのは、そのような種類の人間を指すのでございましょうか。」

葉公は、もうその時は頭が血で一ぱいになっていた。そしてやけ気味に椅子から立上って叫んだ。

「彼は国法を曲げたくなかったのです。彼は父よりも正直を愛したのです。」

「まあ、お掛け下さい。」

と、孔子は憐むように彼を見ながら云った。

「もしあなたが、まじめに政治のことをお考えになるなら、落ちついて一通り私の申上げることをお聞き下さい。あなたは私に無理に勝とうとなさいます。それがいけません。それで変な例などをお引きになるのです。あなたは人民の正しいことをご主張なさるために、只今のような例をお挙げになりましたが、実は二人の人民のうち、一人は泥棒で、一人は訴人であるということをお述べになったに過ぎません。」

葉公は、半ば口を開いたまま、ぐったりと椅子に腰を下した。

「しかもその訴人というのは、肉親の父を訴えた人間です。お国では、そんな人を正しいというかも知れませんが、私の郷国で正しい人間というのは、まるでそれとはちがっています。父は子のために悪いことを隠してやり、子は父のために悪いことを隠してやる、それが人間の本当の正直さだと、誰も彼もが信じ切っています。あなただって、無理に私に勝とうとなさるお心さえ取りのぞいて下されば、きっと同じようなお考えにおなりだと存じますが……」

葉公は色青ざめて、瞼を神経的にふるわしていた。

「人間の正しさは、人間相互の愛を保護して育てて行くことにあるのです。法律も法律なるが故に正しいのではなく、それが人間と人間との関係を、愛に満ちたものにすることが出来る限りにおいて、正しいのです。このことを決してお忘れになってはなりません。ことに、親子の愛は愛の中の愛であり、人間界の一切のよきものを生み出す大本なのです。それを法律の名によって、平気で蹂躙することを許すような国に、正しい道が行われていよう道理はありません。」

孔子の言葉は、一語より一語へと厳粛になって行った。

葉公はその権威にうたれて、頂垂れてはいたが、まだ心を虚しゅうして教えをうける気にはなっていなかった。彼の青ざめた顔のどこかに、弱いながらも、いくらかの反抗心が閃めいていた。それというのも、彼は、彼が今日までとって来た厳罰主義をやめたくなかったからである。うっかり孔子の言葉に従って、厳罰主義をやめようものなら、早速租税の取立てにも困るだろうと、彼は心配したのである。

さっきから、葉公の人物に見切りをつけていた孔子は、それ以上彼の説得に努めるのも無駄だと思った。

会見はすぐ終った。孔子は彼がはいって来た時と同じような、わびしい姿をして、室を出た。むろん彼は、室を出ると同時に、一刻も早く葉の国を去って、再びさすらいの旅をはじめる決心をしていたのである。

＊1　葉公孔子を子路に問う。子路対えず。子曰く、女奚ぞ曰わざる、其の人と為りや、憤を発して食を忘れ、楽みて以て憂を忘れ、老の将に至らんとするを知らず、爾云うと。（述而篇）

＊2　葉公政を問う。子曰く、近き者は説び、遠き者は来ると。（子路篇）

＊3　季康子政を問う。孔子対えて曰く、政は正なり。子帥いるに正を以てせば、孰か敢て正しからざらんと。（顔淵篇）

渡場

長沮・桀溺耦びて耕す。孔子之を過ぎり、子路をして津を問わしむ。長沮曰く、夫の輿を執る者は誰と為すと。子路曰く、孔丘と為すと。曰く、是れ魯の孔丘かと。曰く、是なりと。曰く、是れならば津を知らんと。桀溺に問う。桀溺曰く、子は誰と為すと。曰く、仲由と為すと。曰く、是れ魯の孔丘の徒かと。対えて曰く、然りと。曰く、滔滔たる者、天下皆是なり。而るを誰と以にか之を易えん。且つ而その人を辟くるの士に従わんより、豈に世を辟くるの士に従うに若かんやと。耰して輟まず。子路行きて以て告ぐ。夫子憮然として曰く、鳥獣とは与に群を同じくすべからず。吾斯の人の徒と与にするに非ずして、誰と与にかせん。天下道あらば、丘与り易えざるなりと。

——微子篇——

春はまだ寒かった。傾きかけた日が、おりおりかげって、野づらは明るくなったり、暗くなったりしていた。

葉公に見切りをつけて、楚から蔡に引きかえす孔子の心は、いくぶん淋しかった。彼は車にゆられながら、眼をとじては、じっと考えに沈んだ。手綱を執っている子路は、もう小半時近くも黙りこくっている。ほかの弟子たちもずいぶん疲れたらしく、三四町（約三〇〇〜四〇〇メートル）もおくれて、黄色い土埃の中を、とぼとぼと足を引きずっている。

「しばらく休むことにしたら、どうじゃ。」

孔子は、思い出したように車の中から顔をつき出して、一行の様子を眺めながら、子路に云った。

「はあ――」

子路は生返事をした。そして車は相変らず、かたりことりと軋りつづけた。

「みんなもだいぶ疲れているようではないか。」

と、孔子は軽く子路をたしなめるような口調で云った。

「もうすぐ渡場だと思います。」

子路は面倒臭そうな顔をして、ぶっきらぼうに答えた。孔子もそれっきり黙ってしまった。

それから十五六分も経ったころ、子路は急に自分でぴたりと車をとめた。孔子は、渡場に着いたのかと思って、顔を出して見たが、そうではなかった。路が二つに岐れている。子路は手綱を握ったまま腕を組んで、じっと前方を見つめている。

「どうしたのじゃ。……休むのか。」

孔子は半身を車から乗り出して云った。

「渡場に行く路はどちらだか、考えているところです。」

孔子は微笑した。そして武骨な子路の後姿を黙って見ていた。しかし、子路はいつまで経っても、木像のように動かなかった。

「考えたら路がわかるかね。」

孔子はふとそんな皮肉を云った。このごろ、子路に対してだけは、おりおりこうした皮肉が、軽く彼の口を滑るのである。

子路の顔には、しかし、いつものとおりの反応が現われなかった。彼はやはり前方を睨んだまま、反抗するように答えた。

「わかります、わかると思います。」

孔子はもう微笑しなかった。彼は、子路が心に何か迷いを持っている時、いつも自分に無愛想になる癖を、よく知っていた。

（子路は、渡場に行く路のことだけを考えているのではない。）

孔子はそう思った。そして、子路が何を迷っているかも、ほぼ見当がついた。

（子路としては無理もない。彼は、淋しく旅をつづけるには、弟子たちの中でも一番不似合な男なのだ。）

しかし、孔子は口に出しては何とも云わなかった。彼は、憐むような眼をしばらく子路の横顔に注いでいたが、やがて眼を転じて、路の附近を見まわした。左手に墓らしい小高い丘があって、すぐその手前に、二人の農夫がせっせと土をいじっている。路から一町（約一〇〇メートル）とは隔っていない。

彼は急ににこにこしながら子路に云った。

「考えているより、訊ねた方が早くはないかね。ほら、あそこに人がいる。」

「はあ――」

子路は、やっと孔子の方を振りむいた。彼は孔子に何を云われたのか、はっきりしなかったかのように、きょとんとした顔をしている。

「すぐ行って、渡場（わたしば）を訊（たず）ねておいで。手綱はわしが握っている。」

「恐れ入ります。」

子路（しろ）は、いかにも狼狽（うろた）えたように、何度も頭を下げた。そして、孔子の手に手綱を渡すと、大急ぎで二人の農夫のところに走り出した。その後姿が何となく可笑しかった。孔子はしかし笑わなかった。彼は、胸の底に何かしみじみとしたものを感じながら、子路（しろ）から眼を放さなかった。

「おうい。」

と、子路（しろ）は、まだ七八（しちはち）間（約十三〜十四メートル）も手前に突っ立って、大声で農夫を呼んだ。

農夫は、しかし、顔をあげなかった。子路（しろ）は仕方なしに、更に二三（にさん）間（約四〜五メートル）進んで声をかけた。しかし二人共振りむいて見ようともしない。

車の中からこの光景を見ていた孔子は、ただの百姓ではないらしいと思った。そして子路（しろ）の無作法な様子が少し気がかりになって来た。

（もし例の隠士（いんし）だと、子路（しろ）は少し手こずるかも知れない。）

彼はそう思った。が同時に、子路（しろ）との間に取交（とりか）わされる問答を想像して、これは一寸面白そうだ、とも思った。子路がどんな顔をして帰って来るのか、心配なような、待遠しいような気持になって、彼は相変らず子路の様子を眺めていた。

子路の方では、農夫たちがまるで彼の声など耳にも入らぬような風なので、ひどく癪に障っていた。彼は、それでも、仕方なしに二人のすぐそばまでやって来た。そして呶鳴りつけるような声で云った。

「おい、これほど呼んでいるのに聞えないのか。」

背のひょろ長い方の農夫が、顔をあげて、じろりと子路を見た。そして変に嘲るような笑いを洩したかと思うと、またすぐ下を向いてしまった。三四寸（約九〜十二センチ）髯を垂らした、五十恰好の、どこかに気品のある顔である。それは長沮という隠士であった。

子路は、この時はじめて、これはしまった、と思った。で、少し照れながら、急に丁寧に云った。

「いや、これは失礼。……実は渡場に行く路がわからなかったものですから……」

すると、また長沮が顔をあげて子路を見た。今度はあまり皮肉な顔はしていなかった。しかし、返事をする代りに、道路の方を見遣って、そこに孔子の車を見つけると、もう一度胡散臭そうに子路の顔を見た。

「渡場の方に行きたいのですが……」

と、子路は少し小腰をかがめながら、ふたたび訊ねた。

「あれは誰ですかい。あの車の上で手綱をとっているのは。」

子路は、自分の問いには答えないで、すましきって、そんな事をあべこべに訊ね出した相手の横着さに、腹が立ったが、つとめて丁寧に答えた。

「あれは孔丘という方です。」

「孔丘というと、魯の孔丘のことですかい。」

「そうです。」

「じゃあ、渡場ぐらい知っていそうなものだ。年がら年中、方々うろついている男だもの。」

そう云って、長沮は、すぐ腰をこごめて鍬を動かしはじめた。そして、それっきり子路が何を云っても、唖のように黙ってしまった。

子路は呆気にとられた。

この間、もう一人の農夫——これは桀溺というずんぐりとした男だった——は、あたりに何が起っているのか、まるで知らないかのような風をして、耕された土に、せっせと種を蒔いていた。子路は、長沮に比べると、この方が少しは人が善さそうだと思った。で、その方に近づいて行って、もう一度渡場に行く路を訊ねた。

「何、渡場じゃと……」

桀溺は顔も上げないで答えた。

「ええ、渡場に行くんですが、右に行ったものでしょうか、それとも左に……」

「右でも左でも、自分の好きな方に行くさ。」

「どちらからでも同じでしょうか。」

「同じじゃない。」

桀溺は、そう云ってひょいと顔をあげた。赧ら顔で、眼が小さくて、髯はちょっぴりしか生えていない。長沮より年は三つ四つ下らしい。

「同じじゃないよ。」

彼はもう一度そう云って、にっこり笑った。小さな眼が肉に埋もれてしまって、大きな皺のように見える。

子路は何が何やら解らなかった。彼は怒ることも笑うことも出来なかった。すると桀溺は、急に笑いやめて、まじまじと子路の顔を見ながら云った。

「お前さんは一たい誰だね。」

「仲由という者です。」

子路は素直に自分の名を告げた。

「仲由？　そして何かい、やっぱり魯の孔丘の仲間だというわけかね。」

「そうです、門人の一人です。」

「ふふ――」

桀溺はだしぬけに笑い出した。それは蒟蒻玉が振動して、その割目から湯気を吹き出すような笑い方だった。

子路は、孔子の門人だと答えたのを笑われたので、さすがにきっとなった。しかし、相手は子路の様子などまるで気にもとめていないかのように、そっぽを向きながら云った。

「孔丘のお仲間じゃ、渡場がわからないのも無理はない。気の毒なことじゃ。」

子路はとうとう我慢しきれなくなって、腕まくりし出した。

「おッと仲由さんとやら、それがいけない。そう腕まくりをして見たところで、物事はかたがつくものではない。それよりか、お前さんは一たい今の世の中をどう考えていなさる？」

子路は、折角まくり上げた両腕を、だらりとさげて、眼をぱちくりさせた。

「何処も此処も、どろどろの沼みたいになっているのが、今の世の中じゃないかね。え、仲由さん。」

「そうです。たしかにそうです、だから……」

「だから渡場を探していると、お云いかね。そりゃもう、ようわかっとる。だが、どの渡場も気に入らないのが、お前さんの先生ではないかね。」

子路は、相手が孔子を冷かしそうになったので、また両腕に力を入れた。しかし、彼は心の中で、相手の云うことに何かしら共鳴を感じた。うまいことを云う男だな、と思った。そして、内々自分が孔子に対して抱いている不平を、この男の口をとおして聞いて見たいような衝動に駆られた。彼は力みながら相手の顔を見つめた。

「沼に船を浮べては見たいが、泥水のとばっちりをかぶるのは嫌だ、と云うんじゃ、お前さんの先生も、少々虫がよすぎはしまいかね。今時、何処をうろついたって、満足な渡船なんか、見つかりゃしないよ。わかるかね、仲由さん。どうせ今の世の中が泥水の洪水見たいなものだとわかったら、なるだけ洪水の来ない山の手に避けているのが一等だよ。洪水だ、洪水だ、とわめき立てて、自分で泥水のそばまで行っちゃ、逃げまわっているなんて、そもそも可笑しな話さ。だい一、見っともないじゃないかね。」

子路は、半ば感心したような、半ば憤慨したような、変な顔をして突っ立っていた。

「おや、そのお顔はどうなすったい。孔丘の仲間だけあって、お前さんも、よっぽど悟りの悪い人間らしいね。そう世の中に未練があっては、話がしにくいが、しかし五十歩百歩ということもある。あの殿様もいやだ、この殿様もいやだというところを、ちょいと一つ飛びこして、この世の中全体に、見切りをつけて見る気には成れないものかね。気楽に高見の見物が出来て、そりゃいいものだぜ。わッはッはッ。」

「しかし……」

と、子路は非常に真剣な顔をして、何か云おうとした。だが、桀溺はもうその時には、その円い尻をくるりと子路の方に向けて、せっせと種を蒔いていた。そして、それっきり、子路が何と云おうと一言も返事をしなかった。

子路は、なぜか、もう腹が立たなかった。彼は、これまでにも、何度か隠士に出会ったことがあったが、今日ほど愚弄されたことはなかった。肝心の渡場は教えて貰えないし、おまけに孔子も自分も、まるで台なしにくさされてしまったので、ふだんの彼なら、黙っては引下れないところであった。しかし、今日の彼は、妙にしんみりとなってしまったのである。

隠士たちの物を茶化すような態度には、彼も流石に好意が持てなかった。しかし、彼等がいかにも自由で、平安で、徹底しているらしいのに、彼は強く心を打たれた。孔子の持たない、ある高いものを彼等は持っているのだ、とさえ彼には思えたのである。

彼は黙って踵をかえした。

彼は歩を移しながら孔子の車を見た。そしてその中にしょんぼりと坐っている孔子を想像した時、彼の眼がしらが急に熱くなった。彼は存分に孔子を詰りたいような気持にさえなった。そして一散に車のところに走りつけた。

おくれていた門人たちは、すでに車の周囲に集って、何かしきりに孔子と話していた。彼等は子路が走って来るのを見ると、話をやめて一斉に子路の方に顔を向けた。子路は、しかし、彼等の誰の顔も見なかった。彼は乱暴に彼等を押しのけて、いきなり車の窓枠に両手をかけた。

　孔子は微笑しながら、

「どうしたのじゃ、えらく隙どったではないか。」

子路は、しかし、口が利けなかった。彼は何度も拳で荒っぽく眼をこすって、ただ息をはずませていた。

「隠士らしかったね。」

孔子は、子路の心を落ちつかせるように、ゆったりと云った。

「そうです。隠士でした。偉い隠士でした。」

子路は爆発するような声でそう云って、孔子の顔をまともに見た。

孔子の顔は静かで晴やかだった。それは子路が全く予期しない顔だった。彼はもっとみじめな顔を車の中に見出すはずだったのである。彼はあてがはずれたような気がした。

「ほう、それはよかった。そしてどんな話をして来たかね。」

孔子にそう云われて、子路はすっかり出鼻を挫かれてしまった。存分に自分の意見を交えて、孔子の反省を求めるつもりでいたのだが、もうそれどころではなかった。やっと事実を報告するのが、彼には精一杯だった。

孔子は眼をとじ、門人たちは眼を見張って、子路の話を聴いた。一通り話がすむと、門人たちは、云い合したように顔を見合せた。それから、いかにも不安そうな眼つきをして、めいめいに、そっと孔子の顔を覗いた。

孔子はやはり眼をとじたまま、しばらく考えに沈んでいたようであったが、深い吐息を一つもらすと、子路の方を向いて云った。

「それで、渡場に行く道は、どちらにするかね。」

子路はぎくりとした。荘厳な殿堂の中で、神聖な審問を受けているような気がして、棒のように突っ立った。

「わしは人間の歩く道を歩きたい。人間と一緒でないと、わしの気が落ちつかないのじゃ。」

と、孔子は子路から他の門人たちに視線を転じながら云った。

「山野に放吟し、鳥獣を友とするのも、なるほど一つの生き方であるかも知れない。

しかし、わしには真似の出来ないことじゃ。わしには、それが卑怯者か、徹底した利己主義者の進む道のように思えてならないのじゃ。わしはただ、あたりまえの人間の道を、あたりまえに歩いて見たい。つまり、人間同志で苦しむだけ苦しんで見たい、というのがわしの心からの願いじゃ。そこにわしの喜びもあれば、安心もある。子路の話では、隠士たちは、こう濁った世の中には未練がない、と云っているそうじゃが、わしに云わせると、濁った世の中であればこそ、その中で苦しんで見たいのじゃ。正しい道が行われている世の中なら、今頃はわしも、こうあくせくと旅をつづけていはしまい。」

門人たちは、静まりかえって、孔子の言葉に耳を傾けた。子路の眼には、いつの間にか涙が一ぱいたまっていた。彼は、その眼を幾たびかしばたたいて、孔子の顔をまじまじとうちまもった。暮近い光の中に、人生の苦難を抱きしめて澄み切っている聖者の姿を、彼は今こそはっきりと見ることが出来たのである。

「先生、私は先生に対して勿体ないことを考えておりました。」

子路は、顔をまともに孔子に向けたまま、ぼろぼろと涙をこぼした。

孔子は、それに答える代りに、車の窓から手綱を子路に渡した。そしてみんなを顧みながら、朗らかに云った。

「子路の好きな方に行ってもらおう。間違っていたら、もう一度引きかえすまでのことじゃ。」

みんなが思わず笑い出した。子路も赤い眼をしながら笑った。

丁度その時、二人の隠士は、鍬を杖にして、一心にこちらを眺めていた。子路には、それが恰も二つの案山子のように思えてならなかった。彼は嬉しいような、淋しいような気分になって、孔子の車を動かしはじめた。

どこかで鴉が嘲るように鳴いた。

陳蔡の野

衛の霊公陣を孔子に問う。孔子対えて曰く、俎豆の事は則ち嘗て之を聞けり。軍旅の事は未だ之を学ばざるなりと。明日遂に行る。陳に在りて糧を絶つ。従者病みて能く興つ莫し。子路慍り、見えて曰く、君子も亦窮する有るかと。子曰く、君子固より窮す。小人窮すれば斯に濫すと。

——衛霊公篇——

子曰く、賜や、女予を以て多く学びて之を識る者と為すかと。対えて曰く、然り、非なるかと。曰く、非なり。予一以て之を貫くと。

——衛霊公篇——

孔子は、さすらいの旅から、一度魯に帰って、約二年の間、詩書礼楽の研鑽と、門人の教化とに専念していたが、まだ、実際政治に全く望みを絶っているわけでは、決してなかった。で、哀公即位の年、彼は六十歳の老軀を提げて、三たび衛を訪ねた。それは丁度、彼の孫の汲――子思が生れて間もないころのことであった。

しかし、衛の国は、彼が大道を行うには、あまりに乱れすぎていた。霊公は、もう晩年に近かったが、自分の子の蒯聵のために、寵愛の夫人南子を殺されて、気を取りみだしていた。しかも、蒯聵は晋に逃れ、その援けを得て、霊公の位をねらっているという噂もあったので、父子の間に、いつ醜い戦争が始まるかわからない不安な空気が、国内に漂っていた。

霊公は、孔子が自分の国に来たのを知ると、これまで彼を真面目に対手にしなかったことなど全く忘れて、すぐ彼を引見した。そして、先ず第一に彼に訊ねたのは、戦略に関することであった。しかし孔子は答えた。

「不肖ながら、礼については、これまでいくらか聞いたこともございます。しかし、軍事に関しては、まだ一向に学んだことがありませぬ。」

孔子に軍事上の知識が全然なかったわけではなかった。しかし彼は、父子相争う浅ましい戦いに、少しでも自分の力を貸すことを欲しなかったのである。

翌日、彼はいそいで衛を去った。それから宋に行き、陳に行き、蔡に行き、葉に行き、また蔡に引きかえした。そして彼の期待はすべて裏切られた。彼は道を行う代りに、到るところで迫害と嘲笑とを以て迎えられねばならなかったのである。ことに陳と蔡との国境で、彼の一行がなめた苦難は、彼の一生を通じての最も大きな苦難の一つであった。

その頃、陳は呉の侵掠をうけて、援けを楚に求めていた。楚の昭王は、陳を援けるために兵を城父に進めていたが、その時、孔子の一行が、陳・蔡の国境にいることを知った。で、すぐ使をやって彼を楚に聘えようとした。孔子は、楚にはまだ一度も行ったことがなかったし、それに昭王は相当の人物らしいという評判もあったので、すぐそれに応じて出発することにした。

これを聞いて驚いたのは、陳と蔡との大夫たちであった。彼等は自分たちの国で孔子を重用しなかったが、それは彼の偉大さを知らないからではなかった。却ってそれを知っていたればこそ、煙たくて用うることが出来なかったのである。

彼等は考えた。

（孔子は何といっても賢者だ。彼の云うことは、いつも見事に諸侯の政治の弱点をついている。ことに、彼が陳・蔡の間にうろつき出してから、もう随分になるし、われわれのやり口は、何もかも彼に見すかされているに相違ない。もし楚のような大国が、彼をむかえて真面目に政治をやり出す段になると、陳・蔡にとっては将来大きな脅威だ。われわれの地位だって、結局どうなるか知れたものではない。）

そこで両国の大夫たちは、密かに諜し合せ、双方から一隊ずつの便衣隊を出して、孔子の一行を包囲さした。孔子の一行に、無論それを打破るだけの武力があろうはずはなかった。門人たちの中には、いきり立つ者も二三あったが、孔子はその無謀を戒めて、静かに囲みの解けるのを待つことにした。

囲みは、しかし、容易に解けなかった。幸いにして、一行に危害を加えるような風は少しもなかったが、ただ困ったのは、食糧の欠乏であった。一日二日はどうなり事足りた。三日四日も粥ぐらいはすすれた。しかし五日目になって、粟一粒も残らないようになると、さすがに門人たちの多くは、飢えと疲れとでへとへとになって、ぐったりと草っ原に寝そべってしまった。

孔子自身も、むろん辛かった。しかし、彼は、顔にいくらかの衰えを見せながらも、自若として道を説くことを忘れなかった。たまには、琴を弾じ、歌を唄うことさえあった。

　元気者の子路は、さすがに孔子の身近くにいて、万一を警戒していた。だが彼の心は決して静かではなかった。彼は、こうした大事な場合に、孔子が全く無策でいるのが腹立たしかった。

（死に瀕している人間を前にして、道が何だ。音楽が何だ。そんなものは、行詰った揚句の自己欺瞞でしかないではないか。）

　彼はそんなことを考えて、うらめしそうに孔子の横顔をじろじろと見るのであった。

　五日目の夜が次第に更けて、そろそろ夜明も近くなって来た。初秋の空に、星は美しく輝いていたが、地上の叢には、生死の間を縫って、わずかに息づいている人間の黒いからだが、いくつとなく不体裁にころがっていた。そして、その間から、うなされるような声さえおりおり聞えて来た。

「先生！」

と、だしぬけに子路のかすれた声が闇にひびいた。

　孔子は、永いこと何か黙想にふけっていたが、さすがに疲れたらしく、丁度横になろうとするところであった。彼は子路の声をきくと、横になるのをやめて、しずかにその方をふり向いた。すると、子路が云った。

「君子にも行詰るということがありましょうか。」

「行詰る？」

孔子は一寸考えた。しかしすぐおだやかに答えた。

「それは無論君子にだってある。しかし君子は濫れることがない。濫れないところに、おのずからまた道があるのじゃ。これに反して、小人が行詰ると必ず濫れる。濫れればもう道は絶対にない。それが本当の行詰りじゃ。」

その言葉が終るか終らないかに、二三間（約三・六～五・五メートル）離れたところにうずくまっていた黒い影が、むっくり起きあがって、少しよろめきながら、孔子のすぐ前までやって来た。子貢である。彼は腰をおろすと、疲れた息をはずませながら、闇をすかして孔子の顔を見つめた。

「おお、子貢か。」

孔子はいかにも情ぶかく声をかけた。しかし子貢は何とも云わなかった。彼は、無作法な口を利かないだけに、心の底では却って、子路以上の不平に燃えていた。彼の顔には、皮肉なうすら笑いさえ浮んでいた。孔子は闇をとおして、はっきりそれを感ずることが出来た。

「子貢、わしはお前の期待にそむいたらしいね。」

子貢はやはり黙っていた。ただ彼の息だけがますますはずむばかりであった。

「お前は、わしが色々の学問をして、あらゆる場合に処する手段を知っていると思っているのだね。」

「むろんです。そ……そうではありませんか。」

子貢の声はふるえていた。

孔子は星空を仰いで、かすかにため息をもらしたが、すぐまた子貢を見て、ゆっくりと、しかし、どこかに厳しい調子をこめて云った。

「そうではない。わしを貫くものはただ一つじゃ。その一つにわしの全生命が懸っているのじゃ。」

孔子は、しかし、そう云い終って非常に淋しかった。門人たちにすら理解されない道を抱いて、野に飢えている自分を、しみじみといとおしむ気にさえなった。同時に、理解しないままに、自分と一緒にこうして難儀をしている門人たちが非常に哀れに思われて、何とかやさしい言葉の一つもかけてやりたくなった。

（しかし――）

と彼は考えた。

（自分[*1]は倦んではならない。一時の感傷にひたって、門人たちを甘やかしてはならない。彼等の中には苗のままで花をつけないものもあろう。また、花をつけても実を結ばない者もあろう。だが自分は退いてはならない。なぜなら[*2]、自分は彼等を愛しているからだ。彼等の忠実な友でありたいからだ。愛する以上は彼等に苦労をさせなくてはならない。忠実な友であるためには、倦まずたゆまず彼等に誨えてやらなければならない。それが天の道を地に誠にする所以だ。自分がここで一歩退いたら、天の道が一歩退くことになる。道の実現[*3]は、たとえば山を築くようなもので、あと一簣というところで挫折しても、それは全部の挫折だ。また、でこぼこの地をならすようなもので、たとえ一簣の土でもそこにあけたら、それだけ仕事がはかどったことになる。道は永遠だ。一歩でも進むにこしたことはない、そして進むも退くもすべては苦難と妥協しないこの心一つだ。）

彼はもう何の疲労も感じない人のようであった。彼は威儀を正して子路を顧みながら、低い、しかし、はっきりした声で云った。

「詩に、兕に匪ず虎に匪ず、彼の曠野に率う、という句があるが覚えているかの。」

「覚えています。」

「その意味は？」

「人間は犀や虎のような野獣ではありません。しかし人間の道を踏みはずしたら、曠野にさまよう野獣も同じだ、という意味だと存じます。」

「うむ。ところでわしの道をどう思う？　誤っていはしまいかの。わしは、現にこうして、野獣のように曠野にさまようているのじゃが。」

「先生の道が誤っているかどうかは存じません。しかし、人が自分の言を信じてくれなければ、自分の仁がまだ完全でない、と思わなければなりますまい。また、人が自分の説く道を行ってくれなければ、自分の知がまだ不十分だ、と思わなければなりますまい。」

子路の答えは極めて無遠慮で、その声の調子にも、不平満々というところがあった。孔子は、しかし、しずかに云った。

「それはお前の思いちがいじゃ。もし仁者の言が必ず信ぜられるものなら、伯夷・叔斉が餓死することも無かったろうし、また、智者の説くところが必ず行われるものなら、王子比干が虐殺されることもなかったろう。」

伯夷・叔斉は、孤竹国君の二子で、周の武王が殷の紂王を伐とうとした時に、これを諫めて用いられず、周の粟を食むのを潔しとせずして首陽山にかくれ、蕨を採って食っていたが、遂に餓死したと伝えられる仁者である。また、王子比干は、殷の紂王の叔父で、紂の暴虐を諫めて三日も動かなかったために、遂に紂王のために虐殺されたと伝えられる智者である。

子路は、この三人の話が出ると、さすがに首をたれて黙りこんでしまった。すると孔子は今度は子貢に向って云った。

「詩に、兕に匪ず虎に匪ず、彼の曠野に率う、とあるが、わしの道がいけないかの。わしはまるで野獣のように、こうして曠野をうろついているのじゃが。」

子貢はしばらく考えてから答えた。

「先生の道は大きすぎます。大きすぎるから天下に容れられないのです。もう少し程度をお下げになって、世間に受けいれられるようにされては如何でしょう。」

「世間に受けいれられるように？」

と、孔子はちょっと眉をひそめたが、すぐもとにかえって、

「子貢、それはなるほど利巧な考えじゃ。しかし、優れた百姓は物を育てることは上手でも、儲けることは下手なものじゃ。また名人といわれるほどの大工は、魂をうちこんで仕事をやるが、それが他人の好みに合うかどうかは、請合えないそうじゃ。君子もそれと同じで、目前の利害のために、世間に迎合してはなるまい。修めなければならないのは道じゃ。道の本則にもとらないように、一切の言動をしめくくることじゃ。お前の願いは、道を修める事でなくて、世に容れられる事にあるようじゃが、それでは、あまりに利巧すぎる。もっと志を遠大に持つがいい。」

子貢も黙りこんでしまった。孔子は子貢から目を放して、あたりを探すように見廻していたが、

「顔回、――顔回はいないかの。」

顔回はすぐ孔子のうしろにいた。ふだん丈夫でない彼は、五日間の野宿で、誰よりも弱っているはずであったが、態度はいつもの通りきちんとしていた。そろそろと白みかけた空の光をうけて、彼の顔は、ほとんど死人のように青ざめて見えた。しかしその両眼には、涼しげな光が漂うていた。彼は孔子の声に応じて立上ると、子貢のすぐそばまで歩いて来て、孔子に一揖した。その姿は青蘆が風にそよいでい

るように思われた。孔子は彼にじっと視線をそそぎながら云った。

「詩に、兕に匪ず虎に匪ず、彼の曠野に率う、とあるが、今のわしは野獣と少しも択ぶところがない。どうじゃ、わしの道が誤っているとは思わないかの。」

「私の考えでは――」と、顔回は立ったままで答えはじめた。孔子は手を振って、

「立ったままでは疲れる。ゆっくり坐って答えるがいい。」

顔回は腰を下した。しかもその姿勢はあくまでも端然としていた。彼は孔子の膝のあたりに視線をおとしながら、言葉をつづけた。

「先生の道は至大であります。ですから天下の容れるところとなりません。しかし、私は先生が推してこれを行って下さることを心からお祈りいたして居ります。たとい天下に容れられなくとも、毫も憂うるところはありません。むしろ容れられないからこそ、先生の君子であられることが、はっきりするのです。元来、私どもは、ただただ道の修まらないのを恥じてさえ居ればいいのです。道の大いに修まった人があるのに、それが用いられないとすると、それは国を治むる者の恥でなければなりません。重ねて申します。容れられないのを憂うる必要は断じてありません。却って容れられないところに、君子の君子たる価値が発揮されて行くのです。」

顔回の頬は、ほのかに紅潮していた。彼は、云い終ると、ふたたび立上って孔子に一揖した。

孔子は、心から欣ばしそうに、満面に微笑をたたえて、云った。

「さすがは顔氏の血をうけた子じゃ。お前に財産があったら、わしはお前の執事にでもして貰うのじゃがな。はッ、はッ、はッ。」

夜は明けはなれた。孔子は子貢を手招きして云った。

「子貢、お前はすぐこれから城父に行って、楚軍に救いを求めておいで。」

子貢は駭いて四方を見渡した。包囲を脱するには、もうあまりにも明るすぎると彼には思えたのである。孔子は、しかし、笑いながら云った。

「もう今日で六日目じゃ。包囲の人たちも、疲れたにちがいない。それに幸い夜も明けたし、今頃は、安心して、一寸一眠りというところじゃと思うが。」

孔子の言葉どおり、包囲は隙だらけになっていた。で、子貢は何の苦もなく包囲を脱して、楚軍と連絡をとることが出来たのである。

翌日、陳・蔡の包囲は解けた。そして孔子の一行は、手あつく楚軍にもてなされて、間もなく昭王に見えることになった。

＊1　子曰く、苗にして秀でざる者あるかな。秀でて実らざる者あるかなと。（子罕篇）

＊2　子曰く、之を愛して能く労することなからんや。これに忠にして能く誨うることなからんやと。（憲問篇）

＊3　子曰く、譬えば山を為るが如し。未だ成らざる一簣なるも、止るは吾が止るなり。譬えば地を平かにするが如し。一簣を覆えすと雖も、進むは君が往くなりと。（子罕篇）

（註――この物語の大体の筋は、孔子の伝記の中でも最も古いといわれている、司馬遷の「孔子世家」に依った。論語の中には、「兕に匪ず虎に匪ず」以下の問答は全く見出せない。）

病める孔子と子路

子疾病なり。子路禱らんことを請う。子曰く、諸ありやと。子路対えて曰く、之あり。誄に曰く、爾を上下の神祇に禱ると。子曰く、丘の禱るや久しと。

——述而篇——

さすがに元気な子路も、今日はぐったりと椅子によりかかって、物思いに沈んでいた。

孔子が病床について以来、彼は殆どつききっりで、夜の目も寝ずに看護をして来た。もうそろそろひと月にもなろうというのに、病勢はただつのる一方である。ことに、この二三日はめっきり衰弱が眼に立って来た。昨夜の容態など、どうもただごとではなかったようだ。

(もしや……)

と思うと、子路(しろ)はもう呆然として、何もかも手につかなくなってしまうのである。

彼は、次の間に退くと、しばらく気ぬけがしたように、ぼんやりと天井の隅を見つめていた。病室からは、おりおり門人たちのかすかな囁(ささや)きが聞える。彼は気が遠くなって、何だか自分が死んででも行くような気がし出した。

(どこまでも先生のお伴がしたい。)

彼は、その時しみじみとそう思った。そして、彼がかつて[*1]孔子に、死の問題について訊(たず)ねた時、孔子が、「生の真相がはっきりつかめないうちに、死の真相はわかるものでない。」

と答えたことを思い起した。

(死とは何ぞ、そんな事はわからなくてもいい。ただ死後に世界があって、いつまでも先生のお側(そば)についていることが出来さえすれば、それでいいのだ。)

彼はそんなことを思いつづけた。そして明日にも孔子と一緒に、遠い未知の世界に旅立てるような気になって、寂しい悦びにひたった。

しかし、それはほんの瞬間であった。彼は急に愕然(がくぜん)として立上った。

(何だ、俺は先生の死を願っていたのか。)

　彼は汚ないものでも払いのけるように、自分の胸を両手でかきまわした。それから、立ったまま、じっと病室の方に耳をすました。

　病室はしずまりかえっている。彼は、今まで掛けていた椅子のまわりを、音がしないように歩きまわりながら、自分で自分の意気地なさを叱った。

（もう一度先生を元気にしないで置くものか。）

　いつもの気性が、急に彼の体じゅうによみがえった。彼は、次第に自分の足音の高くなるのも忘れて、あれかこれかと、今後の看護の方法を考えた。しかし、いくら考えても、これまで以上のいい方法は見つからなかった。

（人の力ではどうにもならない！）

　そう思うと、彼は再び、自分の胸の奥が、雪達磨（ゆきだるま）が溶けるようにしぼむのを覚えた。

　彼は、ため息をつきながら、椅子に腰を下した。そして、何でもいいから、しがみついて見たいような気になった。自分で自分をいくら叱って見ても、もう追ッつかなかった。叱る気力さえ次第に無くなってしまったのである。

（この上は鬼神に禱（いの）るより外はない。）

そう思った彼の心は悲痛であった。彼はこれまで、堅確に人間の道を履み行うべきことを、常に孔子に教えられて来た。いつぞや彼が死の問題を訊ねると同時に、鬼神に仕える道を訊ねた時にも、孔子は、ただ専念に人に仕えよ。人に仕える道がわからないでは、鬼神に仕える道は解らない、と教えた。それ以来、彼はその教えをよく守って、どんなに苦しい時でも、自分の努力を外にして、鬼神の力を頼みにしたことはなかった。彼はそれを思うと、今さら鬼神に禱るのがいかにも残念だった。

（何という自分の無力さだろう。）

そう思って彼は歯がみをした。

しかし、彼は、それが自分自身の命乞いのためでないという点で、いくらか慰めるところがあった。また、もし幸にして、孔子の命がそれで助かるものなら、求道者としての自分の恥辱など、もうどうでもいい、かりにそのために孔子に破門されても、自分は少しも悔いないであろう、とさえ思った。

こうした複雑な感情を抱いて、彼はもう一度室内を歩きまわった。そして、いよいよそれを実行することに決心すると、彼は誰にも知らさないで、そっと門外に出た。

数時間が経った。

他の門人たちは、看護に一番熱心な子路が、行先も告げないで姿をくらましたことを不思議にも思い、心配もした。しかし彼等は、子路が一冊の本を小わきに挟んで、あわただしく病室に飛びこんで来たのを見た時には、一層びっくりした。

子路は孔子の枕元に近づくと、息をはずませて云った。

「先生、お願いがあります。」

「何じゃな。」

孔子は、今まで閉じていた眼を、かすかに見ひらいた。

「お禱り致したいのです。先生の御病気御平癒のお禱りが致したいのです。」

「だしぬけに、何を云うのじゃ。先王の道には、そのようなお禱りはないはずじゃ。」

「あります、あります。現に先生が御編纂になりました周礼の中にもそれがあります。誄の言葉です。爾を天地の神祇に禱る、とあります。」

子路は、彼の持っていた本を急いでめくって、孔子に示した。

孔子は微笑した。しかし、そのまま静かに眼をとじて何とも答えなかった。

「先生！」

と、子路は少しせきこんで云った。

「実は先生のお叱りをうけるのを承知で、こっそり私だけでお禱りをする決心をしていたのです。ところが禱りの方法が解りませんので、先刻から一寸お暇をいただいて、それを調べて居りますうちに、今の言葉が見つかったのです。古の道にもそれがあります以上は、何も先生に秘密でお禱りする必要もないかと存じまして、更めてお願いに出たのです。先生、どうかお禱りをさせて下さい。先生のために、われわれ門人のために、そして世界中の人たちのために。」

孔子は大きく眼を見ひらいた。その眼は病人の眼とは思われないほど強い力に輝いていた。彼は子路の顔をしばらくじっと見つめた。そして云った。

「わしは、お前に禱って貰わなくとも、わし自身で禱っているのじゃ。」

「御自身で？」

と、子路は驚いて孔子の顔に自分の顔を近づけた。ほかの門人たちも怪訝な顔をして孔子の眼をのぞきこんだ。

「そうじゃ、もう何十年もつづけざまに禱っているのじゃ。」

「何十年も?」

「わからぬかな、わしがこれまで禱りつづけて来たのが?」

門人たちは顔を見合せるだけだった。孔子は嘆息するように深い息をして眼をとじた。しばらく沈黙がつづいたあと、孔子は眼をとじたまま更に訊ねた。

「禱るというのは、そもそも何をすることじゃな。」

「それは神々に自分の願いを……」

孔子は子路の言葉を遮るように、再び大きく眼を見ひらいた。

「願い? ふむ、その願いというのは?」

「………」

子路は、自分の考えどおりの答えをするのに躊躇した。それは、孔子の言葉の奥に何かしら深いものがあるのを、やっと彼も気がつき出したからであった。

孔子は云った。

「その願いというのは、私情、私欲から出たものであってはならないはずじゃ。むしろ私情私欲に打克って天地神明の心に叶おうとする願い、そうした至純な願いに生きることこそ、まことの禱りというものじゃ。そうではないかな。」

子路は石像のようにうなだれて立っていた。

「念のために云っておくが、わしは決して天地の神々を否定もしていなければ軽んじてもいない。神々を崇めていればこそ、その御心に叶うために、今日までたゆまず身を修めて来たのじゃ。禱りに禱りぬいたのが私の一生であったと思ってくれ。お前のその本に書いてある誄の言葉も、そのような意味に解してこそ、深い味いが出るものじゃ。」

「先生、まことに申訳ありません。私の浅墓な心から却って先生に御心配をおかけしまして……」

「いやいや、何も学問じゃ。ことにお前がわしのことを思うてくれる心は、身にしみて嬉しい。そうした心も道と云えば、一つの道じゃ。いや、これこそ道の種というものじゃ。だが、わしの肉体を生かすために、わしの大切な精神を殺さないようにしてくれ。わしは永遠に生きたいのじゃ。万古に通ずる先王の道を伝えることによって、永遠に生きたいのじゃ。」

孔子はそう云って、遠い過去と、遠い将来とを、同時に見つめるような、深い眼付をした。子路と、ほかの門人たちは、今までに経験したことのない、ある荘厳なものに打たれて、眼をとじて跪いた。

「おお、みんなも今こそ本当に禱る心になっているようじゃな。わしのために禱りたければ、今のその清らかな心になることじゃ。……さあ、つかれたようじゃ、少し眠ろう。みんなも一休みしてくれ。」

孔子の病気は、不思議にその翌日から少しずつ快方に向った。そして、何年かの後、子路が衛の内乱で勇ましい戦死を遂げた時には、孔子は七十歳の老齢で、かえって子路のために涙を流す身とならなければならなかったのである。

＊1　季路鬼神に事うることを問う。子曰く、未だ人に事うること能わず、焉んぞ能く鬼に事えんと。曰く、敢て死を問うと。曰く、未だ生を知らず、焉んぞ死を知らんと。（先進篇）

一以て貫く

子曰く、参や、吾が道、一以て之を貫くと。曾子曰く、唯と。子出ず。門人問いて曰く、何の謂ぞやと。曾子曰く、夫子の道は、忠恕のみと。

――里仁篇――


「先生も随分年をとられたな。」

「もうそろそろ七十じゃないかね。」

「そろそろじゃない。たしかに今年は七十のはずだ。」

「奥様がお亡くなりになったのは、一昨年だったかな。」

「そうだ。」

「じゃ、たしかに七十だ。さすがにこの一二年はめっきりお弱りのようだね。」

「何と云っても七十ではね。しかし、お心はますます澄んで行くようじゃないか。」

「実際だ。このごろ先生の前に出ると、何だか水晶の宮殿にでもいるようで、自分の体までが透きとおるような気になるね。」

「透きとおるならいいが、自分だけが汚ない石ッころ見たいに見えやしないかね。」

「失敬なことを云うな。」

「僕はこのごろ先生の前に出ると、妙にしっとりした気分になるね。」

「そりゃどういう気分だい。」

「どういう気分ッて、別にそれ以上説明のしようがないんだが、とにかくしみじみと嬉しくなるね。」


　孔子[*1]の門人中で、まだ二十歳台の元気者ばかりが、十人ほども集って、しきりに雑談をやっている。子游が最年長で二十五歳、子輿と子柳が同年で二十四歳、それ以下のところでは、子張、子賤、子魯、子循といったような連中が交っている。このうち、年の割に重きをなしているのは子輿である。彼は、本名を曾参といって、一見魯鈍ではあるが、反省力の強い青年で、門人中で孔子に最も嘱目されている一人である。彼より三つ年上の有若や、二つ年上の子夏がいると、彼と丁度いい相手なのだが、今日はこの席に見えない。

雑談はなおつづく。

「それはそうと、先生はこのごろ黙ってばかりいて、あまり教えて下さらないじゃないか。」

「そうでもないだろう。ずいぶん叱られている連中もあるぜ。僕もその部類だが。」

「君は特別さ。」

「馬鹿を云うな。君だって、いつもちくちくやられているじゃないか。」

「おいおい、喧嘩はよせ。……しかし実際だね、先生があまり口を利かれなくなったのは。」

「そうかな、僕はそんな風には思わないが。」

「いや、たしかに以前に比べると沈黙家におなりのようだ。」

「このごろ急にッていうわけでもあるまい。大たい必要以外には、あまりものを言われない方なんだ。」

「それにつけて、ついこないだ面白いことがあったぜ。」

「面白いこと？　先生についてかい。」

「うむ、やはり、君等のように、先生の無口を不平に思っている連中だろうと思うが、五六人揃って、先生に抗議を持ちこんだそうだ。」

「それは面白い。どんな抗議だい。」

「先生は人によっては馬鹿に丁寧に教えて下さるが、自分たちにはちっとも教えて下さらない、と云ったんだそうだ。」

「ずいぶん失礼なことを云ったものだね。」

「失礼なもんか、僕等も同感だよ。」

「同感でない人もあるぜ。」

「まあ先を聞こう。それで先生どう云われたんだい。」

「そりゃ、きまっているさ。」

「いやに聡明ぶるね。君、その答えを予期していたとでも云うのかい。」

「いや予期してはいなかった。予期していたら、一緒に抗議に行くはずがないじゃないか。」

「なあんだ、君も一緒か。それで、きまっている、もないじゃないか。」

「実はぎゃふんと参ったところなんだ。」

「一たいどうなんだ。そのお答えというのは。」

「そりゃ先生の平常を知っていさえすれば、何でもないことなんだ。」

「おいおい、まだ勿体ぶるのか。いい加減にせい。」

「勿体ぶるんじゃない。実は、君等も僕と同様、先生を本当には理解していないことがわかって、一寸安心したところなんだ。」

「馬鹿にするな。」

「そう怒るな。これから話すよ。……しかし曾君なら、話さなくても、大体想像がつきはしないかね。」

　みんなが曾参を見た。しかし曾参は笑って答えなかった。彼は先ず年長者の子游を見、それからみんなの顔を一巡見まわして、軽く頭を下げた。

「曾君にも解らないとすると、いよいよ僕も安心していいわけだ。そこでその先生のお答えというのはこうなんだ。――[*2]全体君等はわしに何か秘伝でもあると思っているのか。わしの進む道には秘伝はない。わしは四六時中の生活に道を現わして行きたいと思っている。君等がわしに学ぼうとするなら、わしの生活を見ればいい。言葉は道ではない。わしが口で言わないからといって、何も君等に隠してはいないのじゃ。孔丘という人間は、そんな人間だと思ってくれ。――どうだ、ぎゃふんと参るじゃないか。」

みんなは黙って考えこんだ。曾参(そうしん)は相変らず微笑していた。

「それで君等はどうしたい。」

と、しばらくして、また一人が言い出した。

「みんなきまりが悪くなって、黙って立っていたさ。」

「それっきり先生は何も云われなかったのかい。」

「いや云われた。恐ろしく沈痛な口調でね。……今はっきり云われた通りには覚えていないが、何でもこんな意味だった。――言葉[*3]というものは、それ自身では無力なものだ。受身で学問をしている人に、千万言を費(ついや)して教えても、何の役にも立つものではない。だからわしは、君等が求めに求めて憤りを発するほどに熱して来ない限り、君等の蒙(もう)を啓(ひら)いてやる気にはなれない。君等は、自分でわかってもいないくせに、とかく気の利いた言葉だけを求めたがるが、わしは、君等が一通り道理を会得した上で、それを表現しようとして苦しんでいるのを見なければ、的確な言葉を与えたくないのじゃ。無論わしは君等に道理の一隅(いちぐう)だけを示してやりたい。君等はその一隅(いちぐう)を手がかりに、他の三隅(さんぐう)を自分で発見すべきじゃ。もしそれが出来なければ、わしはもう君等にそれ以上教えようとは思わない。——と、まあ大体こんな風だった。」

「なるほどね、それで先生のお心持も大よそわかる。」

「すると叱言でも云われる方は、まだいい方かも知れないね、黙っていられるよりか。」

「叱言も叱言ぶりさ。」

「それは無論そうだ。……ところで、抗議団はそれっきりで引きさがったのかい。」

「引きさがるより仕方がないじゃないか。」

「それは意気地がなかったね。僕だったら、もっと云うことがあったんだ。」

「へえ、それは偉い。一つそれを聞こうじゃないか。」

みんなが膝を乗り出した。曾参も眼をかがやかして、その方を見た。

[*4]「なるほど、先生が実行を以てわれわれを導いて下さる御精神は、よくわかる。また、ある人には諄々と説かれ、ある人にはあまりものを言われない理由も、ほぼ見当がつく。しかし先生が、同じ質問に対して、人によって返事をちがえられるのは、どういうわけだか、僕には理解出来ないんだ。」

「そりゃ当り前じゃないか。尋ねる人の頭の程度がちがっているんだから。」

緊張しかけたみんなの気分が、すぐゆるんだ。曾参もすぐに微笑をとり戻していた。

「頭の程度でお答えがちがうぐらいのことは、僕だってわかっている。しかし、先生はどうかすると、まるで矛盾したことを云われるんだからね。」

「たとえば、どんな事だい。」

「ある人が、道理がわかったら、すぐ実行に移したものかどうかと尋ねると、いけない、一応親兄弟に相談してからにせよ、と云われるそうだ。ところが、他の場合に他の人が同じ事を尋ねると、無論即座に実行するのだ、ときっぱり答えられたということだ。」

「誰だね、それを尋ねた本人は。」

「はっきりしないが、何でも、子路さんとか、冉有さんとかいう、先輩組らしい。公西華君がその事を聞きこんで、一度先生にその矛盾を突っこんで見るとか云っていたが、僕も折があったら尋ねて見たいと思っている。」

「それも、やはり子路さんや、冉有さんの人柄次第で、返事をされたんではないかね。」

「或はそうかも知れない。しかし人柄によるのも程度問題だよ。根本がぐらついたんでは、全くわれわれの拠りどころが無くなるわけだからね。元来われわれが先生の門にはいって学問をしているのも、不動の原理を摑むためじゃないか。その不動の原理が、親兄弟の意見で左右されてもいいとなると、それは不動の原理でも何でもないわけだ。われわれはそんな心細いものを求めているんではない。時処を問わず、何人にも通ずる普遍の真理がほしいんだ。」

「賛成、賛成。」

と数名の者が思わず叫んだ。そしてその中の一人が、みんなの顔色を窺いながら云った。

「そういうと、われわれはこれまで末梢的なことばかり教わって来たんではないかね。」

「末梢的は少しひどい。」

「しかし、道徳の技巧に関することが非常に多いようじゃないか。」

「技巧もいいが、少しばらばらなようだね。」

「ばらばらだか何だか知らないが、個人的であることはたしかだ。」

「曾君、君黙っているが、どう思う。」

曾参は、さっきから心配そうな顔をして、みんなの云うことを聴いていた。彼は自分の仲間の、あまりにも浅墓な態度に、一人で心をいためていた。で、問われるままに、自分の考えを述べて見ようかとも思った。しかし彼は、孔子がこの話をきいて、彼等をどうあしらって行くのか、その点の見当がつきかねた。今すぐ自分の考えを述べて、表面だけの解決をつけるのは何でもないことだが、それでは本当の解決にはならないだろう。或は却って孔子の教育方針をぶち壊すことになってしまうかも知れない。孔子はさっきからの話にもある通り、言葉の先だけでの解決には満足されない方だ。それに自分としては、あらゆる機会を最高度に生かして行かれる孔子の態度が、この場合どんな形になって現われるか、それが見たくもある。――そう思って彼はそれとなく答えた。

「今に先生がお見えになるだろう。大切なことだから、じきじき先生に伺って見ることにしようじゃないか。」

「むろん先生にも伺うさ。しかし、君に意見があるなら、一応聞いて置きたいものだね。」

　それは何だか皮肉な口ぶりだった。曾参は、しかし、あっさりと、

「いや、僕にも無論はっきりした意見はないんだ。」

　みんなは、それからも同じような事を、とめどもなく喋った。いつまで経っても要点にはふれなかった。そして、ともすると、孔子の権威を傷つけるような言葉が、平気で述べられた。曾参は、これではならぬと思った。やむなくば、自分の考えを述べて、一先ずけりをつけようかとも考えた。

　しかし、孔子がとうとうやって来た。

「えらい賑やかなようじゃのう。」

　孔子はそう云って、礼儀正しく彼を迎えているみんなの前を通って、正面の席についた。

　そこで子游が年長の故を以て、挨拶を述べ、且つ、今日のみんなの話題を遠慮がちに話した。

　孔子は、水のように澄んだ眼をして、それを聴いていたが、子游が自分の席につくと、頭数を数えるように、みんなの顔を見まわした。それから、あらためて曾参

の顔を見て、静かな、しかし力のこもった声で云った。

「曾参、わしの道はただ一つのもので貫いているのじゃ。」

曾参は恭しく頭を下げた。そして確信あるもののごとく答えた。

「さようでございます。」

すると孔子は、すっと立上った。そしてあっけにとられているみんなを残して、そのまましずしずと、室を出てしまった。

孔子の足音が消えると、みんなは狐につままれたように、きょとんとして顔を見合せた。誰もしばらくは何とも云う者がなかった。その間に曾参は、みんなにお辞儀をして室を出ようとした。それに気づくと、みんなは急に思い出したように方々から彼を呼びとめた。

曾参は立止まって彼等を見た。

「今のは一たい何のことだい。」と、一人が訊ねた。

「ただ一つのものって云っただけじゃ、まるで見当がつかないね。」と、他の一人が云った。

「曾君はいかにも解ったような返事をしていたが、ほんとうに自信があったのかい。」

と、また他の一人が突ッかかるように云った。

みんなは、いつの間にか曾参を取りかこんでいた。そして恐ろしく緊張した顔をして、彼の返事を待った。

曾参は彼等を見まわしながら、静かに答えた。

「先生の道は、誠をつくして人の心を推しはかってやること以外にはないのだ。」

みんなはまだ解せないような顔をしていた。曾参はつづけて云った。

「君等はさっきから、先生の教えが末梢的だの、道徳の技巧に過ぎないの、ばらばらだの、個人的だのと、勝手なことを云っているが、よく考えたら、すべてが今云った一つの原理の具体的な発展だということがわかるだろう。先生は、原理を抽象的には決して説かれない。いつも現実当面の事物に即して、われわれを導かれるのだ。だから、見ようでは、個人的とも、ばらばらとも見えるだろう。しかし、僕の経験では、先生の片言隻句といえども、未だ曾て原理に根ざさないものはない。僕はこのごろその事に気がついて、日に日に驚きを増すばかりだ。考えれば考えるほど、一切の教えが、実にぴったりと一つのものにまとまっている。日常の礼儀作法から、救世済民といったような大きなことまで、寸分の隙もないのだ。」

　みんなは、どうなりうなずいた。曾参は、しかし、まだ不安そうな顔をして、特に念を押すように力をこめて云った。

「だが、それは先生が頭で組織立てられたものではないのだ。頭だけがどんなに緻密でも、すべてがあんなにぴったりとまとまるものではない。先生にとっては、原理は理窟ではなくて、衷心の願望なんだ。体験に体験を重ねて得られた、謂わば生命の傾向なんだ。もうそれなしには先生は一刻も生きられない。無論楽みもない。だから何の作為もなしに、一切の言動が節に当り、玲瓏として全一の姿にまとまるのだ。」

　ここまで云って、曾参ははっとした。彼は、いつの間にか、自分が演説口調で同輩に説教をしているのに気づいたのである。彼は急に口をつぐんで、顔を赧らめた。そして逃げるように室を出て行ってしまった。

　みんなは、また呆気にとられて、彼のあとを見送った。彼等が解ったような解らないような顔をして解散したのは、それからしばらくたってからのことであった。

＊1　柴や愚、参や魯、師や辟、由や喭。（先進篇）
曾子曰く、吾日に吾身を三省す。（学而篇）

＊2　子曰く、二三子我を以て隠せりと為すか。吾爾に隠すなし。吾行うとして二三子に与さざる者なし。是れ丘なりと。（述而篇）

＊3　子曰く、憤せずんば啓せず。悱せずんば発せず。一隅を挙げて三隅を以て反せずんば、則ち、復びせざるなりと。（述而篇）

＊4　子路問う、聞くままに斯れ諸を行わんかと。子曰く、父兄在すあり、之を如何ぞ其れ聞くままに斯れ之を行わんやと。冉有問う、聞くままに斯れ諸を行わんかと。子曰く、聞くままに斯れ之を行えと。公西華曰く、由や問う、聞くままに斯れ諸を行わんかと。子曰く、父兄在すありと。求や問う、聞くままに斯れ之を行わんかと。子曰く、聞くままに斯れ之を行えと。赤や惑う、敢て問うと。子曰く、求や退く、故に之を進む。由や人を兼ぬ、故に退くと。（先進篇）

行蔵の弁

子漆雕開をして仕えしめんとす。対えて曰く、吾斯を之未だ信ずる能わずと。子説ぶ。

——公冶長篇——

季氏、閔子騫をして費の宰たらしめんとす。閔子騫曰く、善く我が為めに辞せよ。如し我を復びする者あらば、則ち吾必ず汶の上に在らんと。

——雍也篇——

子貢曰く、斯に美玉あり。匵に韞めて諸を蔵せんか。善賈を求めて諸を沽らんかと。子曰く、之を沽らんかな。我は賈を待つ者なりと。

——子罕篇——

子顔淵に謂いて曰く、之を用うるときは則ち行い、之を舎つるときは則ち蔵す。惟我と爾と是れあるかなと。子路曰く、子三軍を行らば、即ち誰と与にせんかと。子曰く、暴虎馮河し、死して悔ゆることなき者は、吾与にせざるなり。必ずや事に臨みて懼れ、謀を好みて成さん者なりと。

——述而篇——

子曰く、道行われず。桴に乗りて海に浮ばん。我に従う者は其れ由なるかと。子路之を聞きて喜ぶ。子曰く、由や勇を好むこと我に過ぎたり。取り材る所なしと。

——公冶長篇——

その日は、ふとしたことから、仕官のことが話題に上って、非常に賑やかだった。座には顔淵、子路、子貢、閔子騫など高弟の外に、このごろ蔡からやって来た漆雕開が顔を出していた。

孔子は、永いこと黙って、みんなの云うことに耳を傾けていたが、急に思い出したように、漆雕開に云った。

「それはそうと、こないだの話はどうじゃ。よく考えて見たかの。」

「はい、十分考えては見ました。しかし——」

と、漆雕開は少し顔を赧らめて、みんなの顔を見ながら、

「どうもまだ仕官などする自信が、私にはありません。自分を治める力がなくて、

人を治めるのが、何となく恐ろしいのです。お言葉にそむいて申訳ありませんが、今回は、どなたか他に適当な方を、御推挙お願いいたしたいと存じます。」

孔子はいかにも嬉しそうな顔をして、大きくうなずいた。すると子路が、あわれむように漆雕開を見ながら、口を出した。

「そう遠慮ばかりしていたんでは、いつまで経ったって、自分の力を試す機会なんか、やって来やしない。万事は当って砕けろだ。実地について苦労しているうちに、おのずと自信もついて来るんだから。」

「そうばかりも行くまい。――」

と、今度は子貢が口を出した。

「やはり、ある程度の自信がないと、最初から失敗しないとも限らないからね。仕官の第一歩に、人民の信を失うことは、何といっても恐ろしいことだ。」

「しかし漆雕開君は、それほど初心でもないだろう。僕なんか年甲斐もなく、いつもあべこべに啓発されているくらいだからね。」

子貢は、子路のこの言葉を、変に皮肉に聞いたらしかった。彼は少し顔をゆがめながら、

「僕の云うのは一般論だ。漆雕開君がどうのこうの、と云っているわけではない。」

「一般論だろうが何だろうが、この際、本人の勇気を挫くようなことは云わない方がいい。……どうでしょう、先生、僕は漆雕開君だけの力量があれば、あの位の役目は大丈夫つとまると思いますが。」

「それは心配はあるまい。しかし、問題は別じゃ。――」

と、孔子は子路と子貢とを見くらべながら、

「わしは漆雕開の慎重な思慮と、反省と、謙譲の徳と、それから高遠な志とを、この場合生かしてやりたいと思うのじゃ。そうした心境を生かすためには、仕官などもう問題ではない。元来、今の人は仕官を急ぎすぎる。早く仕官したからといって、それが偉いのではない。[*1]三年間学問に精進して、なお俸禄を求めない人があったら、その人こそ、真に得易くない人間じゃ。」

漆雕開はいかにも感激したらしく、眼をかがやかして孔子を見た。しかし、孔子の視線にぶッつかると、彼はすぐまた自分の膝に視線をおとしてしまった。

「時に――」

と、孔子は今度は閔子騫の方に眼をやりながら、

「閔子騫にも、このごろ大夫の季氏から何とか云って来はしなかったかの。」

「はい、先達て突然使が参りまして、費邑の代官をやらないかという話でございました。」

「うむ、それで？」

「はっきりご辞退申しておきました。何分、季氏はこのごろ専横で、魯の国をわが物顔に振舞って居られますし、それに、費邑は季氏の私領でございますので……」

「いや、この頃の季氏の専横は、全く言語道断じゃ。侯国の臣下でありながら、自分の家廟で、天子の舞である八佾の舞を舞わせるような、僭上沙汰までやっていると聞くが、もしこれをも忍ぶとしたら、天下に忍びがたいものはないわけじゃ。お前が辞退したのも無理はない。いや、辞退するのが当然じゃ。しかし、断るのには骨が折れたろう。一体どう云って断ったのか？」

「別に委しく理由は申しませんでした。しかし、使の人がずいぶんしつこく申しますので、二度とこんな交渉を受けるようだったら、私の蔡の国に去って汶水（川の名）のほとりに隠遁するつもりだ、と少し手厳しく申して置きました。」

ふだん口数の少い、しかも温厚篤実を以て聞えた閔子騫の言葉にしては、それは思いきった言葉であった。孔子も一寸驚いた。喜んだのは子路である。

「痛快だなあ。――しかし、閔子騫君がそんなことの云える人だとは知らなかった。」

すると孔子は、それを聞きとがめるように、きっとなって云った。

「それは閔子騫にしてはじめて云える言葉じゃ。」

子路は怪訝な顔をした。孔子は言葉をつづけた。

「君子の強さは腕力や弁舌にはない。いざという時に、何の不安もなく正義を守りうる力、そこに君子のほんとうの強さがあるのじゃ。閔子騫にはその強さがある。いつかも云った通り、*3君子は物事を判断したり、自分の進退を決したりする場合に、いつも正義を標準にするが、小人はこれに反して利害を標準にする。利害を標準にしたのでは、真の強さは出て来ない。従って閔子騫のような思いきったことは容易に云えないものじゃ。」

しばらく沈黙がつづいた。子路と閔子騫とは、それぞれにちがった意味で、きまり悪そうに首をたれていた。

この時、子貢がだしぬけに訊ねた。

「なるほど、漆雕開君や閔子騫君の場合は、それでいいと思います。ところで、ここに天下に唯一つという美しい玉があるとします。先生は、その玉を永久に匣の中に蔵って置かれるおつもりですか、それとも、善い買手を求めてお売りになるおつもりですか。」

孔子は、彼自身に仕官の意志があるかどうかを、子貢が例の巧妙な譬喩を使って探っているということを、すぐ悟った。で、彼は笑いながら答えた。

「沽りたいとも、沽りたいとも。しかし、めったな人には沽りたくないものじゃ。まあ目利きの買手がつくまで、当分待つとするかな。ははは。」

みんなも声を立てて笑った。孔子は、しかし、すぐ真面目な顔になって、これまで一言も発しないで坐っている顔淵の方を見ながら云った。

「君子の理想は、用いられればその位置において堂々と道を行い、用いられなければ、退いて静かに独り道を楽む、というところになくてはならない。ところで、そのどちらにも自信があるのは、先ず今のところわしと顔淵だけかな。」

顔淵は、一寸意外な顔をして何か云おうとした。しかし、もうその時には、子路がいかにも迫きこんだ調子で、口を出していた。

「先生、しかし万一、一国の軍隊を帥いて敵国を攻めるというような場合がありましたら、先生は一体誰と一緒に仕事をなさるおつもりですか。」

子路は、心の中では、かなり憤慨していた。が、同時に彼は、自分の望みどおりの答えが、孔子の口から聞けるものだと確信して、強いて自分を落ちつけていた。

孔子は、しかし、子路の気持など、まるで気にもとめていないかのような風であった。彼は、少し笑いを含みながら、誰に云うともなく云った。

「世の中には、素手のままで虎と取っ組んだり、筏なしで大河を渉ったりして、死ぬことを何とも思わない、勇ましい人間もいるが、わしは元来、そんな人間とは道伴をするのも恐ろしい方じゃ。で、万一戦争でもやるとしたら、わしの参謀には、用心深くて、知慧があって、周到な計画のもとに、確信を以て仕事をやり遂げて行く人が欲しい、と思っている。」

子路は、虎を搏ちそこねて、崖から真逆さまに落ちて行くような気がした。顔淵と閔子騫とは少し伏目になって、自分たちの前の床を見つめた。子貢の才気走った眼は、孔子と子路との間を何度も往復した。漆雕開はただもじもじと両手を膝の上でもんでいた。

するとまた孔子が云った。

「まあ、しかし、わしが三軍を指揮するようなことは恐らくあるまい。それよりか、わしは、いっそ筏にでも乗って海に浮びたいと思っているのじゃ。どうせ道を行う望みのない世の中に、ぐずぐずしているのもつまらないのでな。」

みんなはおどろいて孔子の顔を見た。孔子はにこにこしながら、

「さて、いよいよ海に浮ぶとして、わしについて来る者は、先ず子路だろうかな。」

子路は眼を輝かして次の言葉を待った。

「子路、どうじゃ。漂々として二人で海に浮ぶのも面白いではないか。わしもお前ほどの勇者についていてもらえば、安心というものじゃ。」

孔子はそう云って子路をまともに見た。子路は感激で全身が蒸発しそうになるのを、やっと引きしめていた。

孔子はつづけて云った。

「しかし、子路、筏に乗るにも、先ず安心の出来る筏の用意が大切じゃ。筏がなくて海に浮ぶことばかり考えても始まらんのでな。ところで、お前は、勇気を愛する点では、たしかにわし以上だが、どうじゃ、いい筏の準備がうまく出来そうかの。」

子路は再びがくりと首を垂れた。

「いや、しかし、こんな話は止しにしよう。ほんとうに海に浮ぼうというのではないからな。……子貢も安心してくれ。やはり、いい買手がついたら、身売りをしたいのが、わしの本心じゃ。ははは。」

今度は子貢が顔を真赤にした。顔淵と、閔子騫と、漆雕開の顔には、かすかな微笑が浮んだが、それは一秒とたたないうちに消えてしまった。

孔子は間もなく座を立ったが、それまで、みんなは厳粛な沈黙をつづけて、めいめいに何事かを考えつづけていた。

＊1　子曰く、三年学びて穀に至らざるは、得易からざるなりと。（泰伯篇）

＊2　孔子季氏を謂う。八佾庭に舞わす。是をしも忍ぶべくんば、孰れをか忍ぶべからざらんやと。（八佾篇）

＊3　子曰く、君子は義に喩り、小人は利に喩ると。（里仁篇）

（註――「桴に乗りて海に浮ぶ」云々の一節は、原文では、孔子が子路を他の人に向って批評したことになっているが、この物語では、それを両人直接の対話として取扱(とりあつか)って見た。)

永遠に流るるもの

子、川の上に在りて曰く、逝く者は斯くの如きかな。昼夜を舎かずと。

——子罕篇——

偉大な沈黙を守って、夕陽はそろそろと草原の果に沈みはじめた。水の流れはゆるやかに、鈍びた紅を底深く溶かしこんで、刻一刻と遠い狭霧の中に巻き収められて行く。

孔子は、今日もただ一人の童子を伴につれて、広々とした河原にたたずんでいる。夕暮の天地の中に、その姿は寒々として厳かである。

七十余年の間、努めに努め、磨きに磨き来った彼の生涯は、思えば孤独への一路であった。永い漂泊の旅にもかかわらず、彼はついに大道を布くべき一人の名君をも見出さなかった。五十年の労苦を共にした夫人上官氏にも先立たれた。一人息子の伯魚(はくぎょ)の死をさえ、彼は見送らねばならなかった。そして何よりも傷(いた)ましいことは、三千の門人中、わが道を伝うべき唯一の人として、彼が絶大の希望をかけて来た顔回(がんかい)が、夭(わか)くしてこの世を去ったことである。夫人の死や息子の死に耐え得た彼も、顔回(がんかい)の死にあっては、ほとんど絶望に近い衝撃をうけて、

「[*1]わしは天に見放されたのだ、天に見放されたのだ！」

と、われ知らず叫んだ。そして柩(ひつぎ)の前に立った時、彼は遂にたまりかねて、声を放って泣きじゃくった。その平常と余(あま)りにちがった取乱(とりみだ)しように、伴(とも)をして来た門人も驚いて、帰りがけに云った。

「[*2]今日は先生も声をあげてお泣きになりましたね。」

孔子の心の動揺は、まだ完全に治まっていなかった。彼は答えた。

「そうか、そんなにわしは泣いたのか。だが、顔回(がんかい)のために泣かないで、誰のために泣けというのじゃ。」

日が経っても、彼の悲しみは容易に薄らがなかった。声を放ったり、涙を流したりすることは、もう二度となかったが、その代りに、「永遠の孤独」が彼の胸の中に冷たく翼をやすめた。「沈黙」が彼の最もよき伴侶となった。そして入日(いりひ)と水の

流れとが、日毎に彼を河原に引きつけた。

彼は今日も河原に立って、考えるのであった。

（自分はもう余命いくばくもない。自分は自分の一生を顧みて、決してなまけたとは思わない。分秒のたゆみもなく、身を修め、古聖の道にいそしんで来た。自分の体得した道は、つとめてこれを諸侯に説き、且つ三千の子弟に伝えた。また詩書春秋を整理し、礼楽を正し、易を究明して、それらの文献を万世に伝える準備もほぼ完成した。しかし、自分はこれで死んでもいいのか。顔回亡きあとに、真に身を以て道に奉じ、玲瓏として仁に生きる者が、今何処にいるのだ。道は言葉ではない。真理は概念ではない。自分の後世に求めているのは、言説でなくて実行なのだ。もし自分がこのまま死んだら、自分は一たい、一生を通じて何をして来たというのだ。自分はまだ死ねない。断じて死ねない。ただ一人の真の後継者を得るまでは。）

しかし、彼の目の前には、水が刻々に流れてかえらなかった。遥かの野の果には、真紅の太陽が秒を刻んで沈んで行った。彼はひしひしと、自分の生命の終焉が近づいて来るのを、感ぜずには居られなかった。

（顔回よ、顔回よ。）

底知れぬ寂しい声が、石像にも似た彼の体の中に、木枯のように噎び泣いた。「永遠の孤独」は、その瞬間、彼を「無限の虚無」に突き落そうとするかのようにさえ思われた。

彼の心の脚は、しかし、その瞬間にも決してよろめかなかった。七十年の苦闘によってかち得た彼の魂の自由さは、湖の底のように、彼の悲痛の感情をそのままに、がっちりと支えていた。

「天行健なり。」

彼はしずかに易の一句を口吟んだ。

水は滾々として流れている。流の行末をのみ見つめていた彼は、今や、眼を転じて遥かに流の源を見やった。そして考えた。

(生命の泉は無尽蔵である。顔回は死んだ。自分もやがて死ぬであろう。しかし、天の意志はやむ時がない。古聖の道は永遠に亡びないであろう。)

太陽はその余光を一ひらの雲に残して、草原に沈んだ。河原は暗くなった。しかし孔子の胸には、既にその時、明日の朝日が燦々と輝き出していた。彼は童子を促して歩を移しながら云った。

「おお水が流れる、流れる。夜となく昼となく水があのように流れて行く。あの水のように、天の意志は息む時なく、永遠に流れて行くであろう。」

＊1　顔淵死す。子曰く、噫、天予を喪せり、天予を喪せりと。（先進篇）

＊2　顔淵死す。子之を哭して慟す。従者曰く、子慟せりと。曰く。慟すること有りしか。夫の人の為に慟するに非ずして誰の為にかせんと。（先進篇）

泰山に立ちて

子曰く、吾十有五にして学に志す。三十にして立つ。四十にして惑わず。五十にして天命を知る。六十にして耳順う。七十にして心の欲する所に従えども矩を踰えずと。

——為政篇——

孔子は、泰山のいただきに立って、ふりそそぐ光の中に、黙然として遠くを見つめている。彼を取りまいている門人たちも、石のように無言である。空は翡翠のように透きとおって、はてしもなく蒼い。蒼い空のもとに、静かに、しかしその底に無限の悩みをたたえて、中国がその運命的な息を呼吸している。天と地との境はわからない。中国の呼吸が、蒼空の裾をわずかに溶かして、地上の悩みをかくそうとしているかのようである。

「泰山に登るのも、これが最後じゃ。」

孔子は、しばらくして、門人たちを顧みて云った。

門人たちに道を説くことのほかに、中国において孔子にゆるされている、ただ一つの仕事は、古典の究明である。政治の実際に当って舵をとるには、彼の智慧は、諸侯の心とあまりにへだたりがあり過ぎた。そして、彼自身でも、彼の中国に対する最後の、そして最上の贈物が、倦むことなき古典の究明であることを、最早や知りすぎるほど知っているのである。

泰山は、中国にとっても、彼自身にとっても聖なる山である。彼は、このごろ、この聖なる山に登りたい衝動に、強くかられていた。それは、書斎における彼の労作に倦んだからではない。むしろ、古聖の道の究明は、彼自身泰山のいただきに立つことによって、真の完成が見られると信じたからである。今日彼は、やっとその願いをはたした。彼の眼は、耳は、そして心は、無限の過去と、永遠の将来との間に、今や寂然として澄んでいるのである。

「これが最後じゃが、実はこれがはじめてでもあるのじゃ。」

孔子は、独語のようにそう云って、もう一度、遠くに眼をすえた。

門人たちは顔を見あわせた。孔子は、これまでにも、いくたびとなく泰山にのぼっている。七十歳をこしたこの一二年こそ、全く書斎の人になりきっているが、以前は、旅の行きかえりにも、いくたびかこの山にのぼったものである。「はじめてだ」という意味が、門人たちには少しもわからない。

孔子は、しかし、門人たちの気持には何の関心も持たないかのように、二三歩、歩を移した。そして、あたりの樹や石を一つ一つ、念入りに眺め出した。門人たちは黙ってそのうしろ姿を見ていた。

「泰山のこころは深い。わしは今日はじめて、泰山のふところに入ることが出来たのじゃ。」

電気のようなものが、ぴりりと門人たちの胸につたわった。彼等は再び顔を見あわせた。しかし、誰も一語も発しない。

(不死のたましい。)

そう、彼等の眼は囁きかわしたかのようであった。

「もう思い残すことはない。後は、ただほんの僅かだけ、書斎に仕事が残っているきりじゃ。」

門人たちは、三たび顔を見あわせた。彼等は、孔子の姿が、泰山のいただきから、そのまま天に消えるのではないか、という気さえした。そして、云いあわせたように、立上って孔子に近づいた。

しかし、孔子はもうその時には、彼等の方に向きなおって、いつもの微笑をもらしていた。その微笑の中には、無限の憂いと無限の悦びとが、渾然として溶けあっている。それは、人生の苦悩をとおして、極まりなく魂を磨いた者のみがもつ微笑である。この微笑に接する時、門人たちは、「聖人孔子」と同時に、「人間孔子」を見、「われらの孔子」を見ることが出来るのである。

彼等の気分が急に軽くなった。同時に口も軽くなった。

「先生、おつかれは出ませんか。」

「あの険しい坂を登る時の、先生のお足の軽いのには驚きました。」

「山登りだけは先生に負けないつもりでいましたが、今日のご様子では、どうやら、その自信もあやしくなりそうです。」

「先生の百年の齢をお保ちになることも、決してわれわれの希望だけではないことがわかって、たまらなく愉快です。」

そうした言葉が、つぎつぎに若い門人たちの口をついて出た。孔子は、孫たちとでも話すように、それらに軽くうけ答えをしていたが、ふと、何か思案するように、一寸眼をとじた。そして、一人でしきりにうなずいていたが、

「まあ、そこいらにお掛け。今日はみんなに話すことがある。」

そう云って、彼はすぐそばの平たい石に腰をおろし、両手で杖をまっすぐに自分の前に立てた。

門人たちも、すぐ木の根や、石や、草の上に腰をおろしたが、誰の眼も、異様に輝いて孔子を見つめていた。

孔子は、一わたりみんなを見まわしてから、ゆっくりと口をきった。

「今日は、わしの一生の物語がして見たい。――物語といっても、普通の物語とはちがって、いわば心の物語じゃ。つまり、わしの心が泰山の心としっくり触れあうまでに、どんな坂を登って来たか、それをみんなに話して見たいのじゃ。」

彼は、ここまでいって、一寸さびしそうな顔をした。それは、門人たちの中に、彼の最も愛していた顔回と子路との顔を見出すことが出来なかったからである。顔回は病気で、子路は衛の内乱で斃れて、もうこの世にいない。二人が生きているうちに、こんな場所で、こんな話が出来ていたら、と思うと、今更のように二人が惜

まれてならない。

すぐれた門人で、この席につらなっているのは、子貢ただ一人である。彼の最近の進境には、なるほど目覚ましいものがある。しかし、亡くなった二人、とりわけ顔回にくらべると、まだ何といっても、山の絶頂と中腹とのちがいがある。これから自分の話そうとすることを真に彼が理解してくれるか、頭では理解しても、実践への糧として、胸と腹とで味ってくれるか、疑問といえば疑問である。まして、そのほかの門人たちでは、……そう思うと、何となく張合がない。

孔子は、しかし、彼の話をよしてしまう気にはなれなかった。

（誠を以て語られた言葉は、いつかは生きる。それは、泰山のいただきに落ちた雨滴が、地にしみて、ついには海に注ぐように。）

そう思って、彼はふたたび口を開いた。

「わしがはじめて学問に志した時には、わしはもう十五歳になっていた。」

門人たちは怪訝な顔をした。それは、一般に、士大夫の子弟は十三歳で詩を学び、音楽を習うことになっている。然るに孔子が、幼時いかに貧しかったとはいえ、十五歳になるまで、何の教養もうけなかったとはどうも受取りかねる話だったからである。

「なるほど、それまでにも、師について何かと教えはうけていた。じゃが、学問の尊さを知り、自ら求めて学ぼうとする熱意を持ちはじめたのは、十五の年じゃ。恥かしい話じゃが、それまでは夢うつつで、何の自覚もなく、教えられるままに、ただ物真似をしていたに過ぎなかった、物真似は学問ではない。まことの学問は、自ら求めて勉め励むところに始まるのじゃ。」

門人たちの多くはうなずいた。中には思わず眼を伏せたり、顔を赧（あか）らめたりする者もあった。

「やっと自分というものに目を覚まして、学問に志すには志したものの、例の貧乏で一心不乱というわけにはなかなか行かなかったものじゃ。しかし、また考えて見ると、貧乏のお蔭で、いろいろの仕事を次から次へと覚えこむことが出来た。これで、今でも金の勘定が出来るし、穀物の蔵番（くらばん）や、家畜の世話をやらされても、一通りのことは出来る自信があるのじゃ。ははは。」

「先生、それで思い起しましたが――」

と子貢（しこう）が、突然口をはさんだ。

「呉[*1]の大宰が、先生のことを聖人だと申して居りました。」

「ほう、呉の大宰が？」

「そうです。先生が詩書礼楽のことから、下々の人のやるような事まで、何一つお通じになっていない事がないので、大宰は全く驚嘆して、こんな人こそ聖人と云うのだろう。実に多能だ、と申して居りました。」

「ふむ。で、その時、お前は何と答えた？」

「先生は天の心に叶った大徳をお具えになっている、その意味で固より聖人とも云える方である。また、無論多能でもあられる、と、そんな風に答えて置きました。私は、聖人と多芸多能とは全く別の事だと考えたのです。」

「ふむ。しかし、大宰がわしを多能じゃと云ったのは当っている。今云ったとおり、若い頃にせっぱつまって、いろいろの仕事を覚えたのでな。じゃが、大宰には君子の志はわかっていない。多能は君子の道ではないのじゃ。君子の道はそんな事の外にある。」

　孔子は聖人と云われたことについては何とも云わなかった。子貢は、しかし、自分の大宰に対して答えたことが決して間違いでなかったという確信を得て、嬉しそうだった。

「先生は、世に用いられなかったために、諸芸に習熟したと、いつぞや子張に仰しゃったそうですが……」

と、一人の若い門人が云った。

「そうじゃ、用いられないと、貧乏はするし、閑はあるし、ついいろいろの事を覚えてしまうものじゃ。それは何もわしの若いころに限ったことではない。じゃが、十五の時から、ふとした事で、わしは学問の本筋を忘れて、わき道にそれたことはないつもりじゃ。十六の年に、礼について知識のないのが恥しくなって、三十になるまでは、一日たりともその研究を怠ったことはなかった。お蔭で、二十二三歳の頃には一通りのことは人に教える自信も出来、同時に自分の世に立つ道もいよいよはっきりして来たのじゃ。わしの道は、その頃から今日まで少しも変ってはいない。わしはただ忠実に古聖人の道を祖述することに専念して来たばかりじゃ。*2 わしの道にはわしの創意はない。古聖人の道は完全無欠じゃから、ただこれを信じ、ただこれを好み、そしてそのままに世に伝えてさえ行けばいい。殷の賢大夫老彭がそうであった。わしは及ばずながら、老彭にあやかろうと思ったのじゃ。」

「先生！」

と、この時、一人の若い門人が叫んだ。

「私共は、先生のお教えが、単に古聖人の祖述であるとは信じたくありません。それは先生のご謙遜ではありませんか。第一、もし古いものを伝えて行くだけが人間の道だとしますと、世の中には何の進歩もないわけであります。だからこそ、殷の湯王の盤の銘にも、「苟に日に新たに、日日に新たに、日に又新たなり」とあるではありませんか。私共は、幾度となくその言葉を先生に教えていただいたと記憶していますが……」

孔子は微笑しながらそれを聴いていたが、言葉が終ると、急にきっとなって、

「お前の云うことは、まるで見当ちがいじゃ。古聖人の道をこの泰山にたとえて見よう。お互にこの泰山のいただきをきわめないで、一寸一分（一寸＝約三センチ、一分＝約三ミリ）でもそれを高くすることが出来ると思うのか。聖人の道にただ一つでも創意を加えようとするには、先ず古聖人の道を完全に理解しなければならない。頭で理解しただけではいかぬ。心で、体で、つまり実験の道に於て自由自在に自分のものとしなければならない。わしは今日までそれを努めて来たのじゃ。努め

て来た結果、いよいよ古聖人の道の完全無欠なことに驚くばかりじゃ。お前は、世の中の進歩を望んでいるようじゃが、世の中を進歩させるには、先ずお前自身が進歩するのが、一番の近道じゃ。どうじゃ、古聖人の道がほんとうにわかったかの。古聖人以上の道をわしに求めるほどに、お前自身の準備はもうととのったかの。もしまだととのっていないとすれば、湯王の盤の銘にあるように、毎日自分の垢を落して、日に日に新たになることじゃ。」

　門人は首を垂れた。孔子は再び微笑しながら、

「では話を先にすすめよう。わしが音楽のゆるがせにすべからざることを真に痛感したのも、その頃のことであった。で、丁度三十の歳に、楽師の襄子について琴を習ったのじゃ。無論子供の頃から音楽の稽古はずっとつづけていた。しかし、襄子は、当時音楽にかけて第一人者だったので、一度その人について、教えをうけて見たかったのじゃ。」

「襄子の音楽は如何でございました？　随分名高かった人のように聞いて居りますが。」

　と、一人の門人が云った。

「それはめったに聴かれない立派なものであった。尤もあとで考えると、もう一息というところもあったが……」

「もう一息といいますと？」

「やはり最後は人じゃな。こんな話をするのはどうかと思うが、何も学問じゃ。わしが稽古をした時の話をして見よう。それはこうじゃ。わしが訪ねて行くと、すぐ今までわしの聞いたことのない一曲を教わった。十日ほどもその曲を稽古したころ、襄子は、「もういい、今度は次の曲にしよう。」と云い出した。わしは、しかし、節だけはわかったが、まだ拍子が十分のみこめないので、そう云って当分その曲だけをつづけて練習することにした。ところが、また十日もたつと、「拍子もそれで十分だ、次の曲にしよう。」と云う。しかし、わしには、まだその曲の気持がわからない。で更に十日ほど練習した。すると、「もう気持もわかったようだ、いよいよ次の曲にしてはどうだ。」と云う。それでもわしは、その気持を出した作曲者の人物がわかるまでと思って頑張っていた。すると、襄子がある日、非常に驚いたような顔をして、わしの琴を弾いている様子を見ていたが、「もうきっと作曲者の人物までわかったに相違ない。」と云うのじゃ。わしはその時、静かな深い気持になっていた。そして色の浅黒い、面長な、大洋の果を望んでいるような眼付をした、王者のような人の姿を思いうかべていたのじゃ。わしは、これはきっと文王に相違ないと思った。で、そういうと、果して、その通りであった。」

門人たちの眼は輝いた。彼等は、孔子が音楽の間に見た文王の姿を、そのまま孔子自身の姿において見出していたのである。

「先生、襄子自身は、それが文王の曲であると知りながら、文王の姿を見るまでには到っていなかったのでしょうか。」

と、一人の門人が訊ねた。

「そこじゃ、わしがもう一息というのは。襄子は何といっても、まだ音楽を技術として愛していたに過ぎない。文王の姿を見、文王の気持を摑むには、ただの技術では駄目なのじゃ。真に道を愛し、道を求むる心、つまり人生を開拓する心があって、はじめて文王の曲がわかるというものじゃ。」

「襄子はあとで先生に弟子の礼をとっていた、という噂を聞いたことがありますが、それは、そんな事があってからの事なんでしょうか。」

孔子は一寸苦笑した。しかし、何か思いかえしたように、

「うむ、襄子はなかなか謙譲な人であった。その時も、急に席を下って、わしを再拝したのじゃ。あの気持で、もうしばらく生きていて貰うと、真に古今の名人になることが出来たのじゃがな。」

しばらく沈黙がつづいた。孔子は、叔魚、子木、子旗、子羔といったような、四十歳前後の門人たちの顔を、しばらく見まわしていたが、

「わしは、三十歳から四十歳までの間が、今から考えると、精神的に一番苦しんだ時のようじゃ。三十そこそこで、世間からは礼の大家だと云われ、顕門の子弟でわしに礼を学ぶ者も多かったので、自然心が増長しそうになって来た。それに、一方では、自分の修めた学問が、どうやら知識の学問でしかないような気がし出して、不安でたまらない。内心に不安を感じながら、世間的に権威をおとすまいとするほど、いやな気持のすることはないものじゃでのう。自分を笞ち、笞ち、今日までどうなり正しい道を踏みはずさないでは来たものの、その頃は事毎に迷うことばかりで、苦しんだものじゃ。何か一寸した事にぶっつかって、右か左かの決心をつけるまでに、三日も四日もかかったことさえある。電光石火という工合にはなかなか行かなかったものじゃ。それに、一度決心をつけて、その方にふみ出してからも、一

寸うしろをふり返って見たくなったりして、考えると可笑しいほど未練がましかったものじゃ。それもやはり、学問が実践によって練れていなかったからであった。しかし、四十をこすと、どうなりそんな迷いもなくなって、何事をなすにも立ちどころに心が決まるようになったのじゃ。」

「先生が周都洛陽にお出になったのは、お幾つ位の時だったでしょう。」

「三十五歳の時であったと覚えている。あの時が、わしの一生のうちで最も感銘の深かった時とも云えるのじゃ。明堂で、堯舜や桀紂の像を見た時には、何かこう、ふるい立つような気持を胸の奥に感じたものじゃ。」

「老子にお会いになったのも、その時でしたね。」

「そうじゃ、幾たびも云うようじゃが、老子には捉えがたい竜のような神秘があった。あの人の実人生に対する態度には、どうしても同意出来ないところがあったが、天地と共に生きる心境の自然さと、その深さとには、深く心を打たれるものがあった。わしに対して、良賈は深く蔵して空しきが如く、君子は盛徳があって、容貌愚なるが如しと誡め、また、驕気と、多欲と、態色と、淫志を去れと教えてくれたが、まだ若かったわしにとっては、たしかに適切な言葉であったと、今でも感謝している。わしが、わしの学問を頭から心に、心から行いに引き直して、そこに自然の境地を開拓しようと、真剣に努力し始めたのも、一つには老子の教えがあったからじゃ。」

門人たちは、これまで学問の敵だとばかり考えていた老子を、孔子自身がしきりに讃めるので、いくらか呆気にとられた形であった。

「しかし――」

と、孔子は急に悲しそうな顔をして云った。

「あの頃はいまわしい事も随分多かった。魯の国がひどく乱脈になり、昭公が季氏に逐われて斉に遁げ出されたのもあの頃であった。わしも難をさけて斉に行ったが、途中、ある山の麓の墓場で、一人の婦人がさめざめと泣いているのに出遇ったのじゃ。わけを訊ねると、舅と所夫を虎に喫い殺された上、今度はまた子供まで喫い殺されたのだと云う。わしは、その婦人に、ではなぜこんな恐ろしい山の中に住んでいるのかと訊ねて見た。すると、その婦人の答えが実に恐ろしい。『ここには苛酷な政治がございませんから。』と云うではないか。苛政は実に虎よりも恐ろしいのじゃ。わしはその時、ある大きな使命を天から下されたような気がしてならなかった。政治は書斎のものであってはならない。老子に驕気と笑われ、多欲と罵られようと、古聖の道を地に布くためには、どうしても政治の実権を握らなければならない。わしにはそう思われたのじゃ。しかし、そう思っても、前に云った通り、自分自身をすら十分に治めることの出来ない有様では、どうにもなるものではない。で、四十歳になるまでのわしは、迷わざる自己を建設することに全力をつくして来たのじゃ。」

「斉にお出になっても、直接政治にはご関係にならなかったのですか。」

「権臣の中に邪魔するものがあって、何一つ出来なかった。何分、斉の景公が気魄のない、意志の弱い人物で、どうにもならなかったのじゃ。」

「景公に対して、先生は何かお説きになりましたでしょうか。」

「政治[*3]の事を訊ねられたので、わしは、君臣父子各各その道を守るのが第一であるとお答えしたのじゃ。何分、宮廷権臣の間に、そうした根本の道が紊れていて、政策はどうのこうのという段取までは、行っていなかったのでな。」

「景公は、先生のお言葉に対して何とか云われましたか。」

「君臣父子がそれぞれの道を履み行うことが出来なければ、財政がどんなに豊かでも、自分は安んじて食うことが出来ない、とまで云って居られた。しかし、大夫や寵妃に気がねして、太子を立てることさえ出来ない始末では、何とも仕方がなかったのじゃ。」

「先生がご自分で政治をおやりになったのは、すると、やはり魯が始めてでございましたね。」

「そうじゃ、魯が始めてでもあり終りでもあった。しかし、あの頃はもうわしも五十を越していた。はっきりと天命を知ることが出来ていたのじゃ。で、わしは、その信念に基いて、何の不安もなく政を行うことが出来た。中都の宰から、司空、大司寇と六七年の間、仕事をやって来たが、今から考えても、わしは間違ったことをしたとは思わぬ。天は不易じゃ。何者を以てしても、これに打ち克つことは出来ぬ。この不易なるものの心に結ばれて政を行っていると思えば、何の不安もない。成敗利鈍はもう問題外じゃ。しかし――」

　と、孔子は、沈痛な顔をして、

「天命を知り、不易なるものの心に結ばれているという信念は、それが自分に信念として意識される間は、まだ究極のものではない。今から考えると、その頃のわしの政治のやり方には、何かぎごちないものがあったのではないかと思われる。定公が、わしを用いながらも、次第にわしから遠ざかって、斉から送られた美人の誘惑に乗り、季氏の甘言にあやつられたのも、わしにまだ至らぬところがあったからじゃ。わしとわしの信念とは、まだ真に一体にはなっていなかった。信念を信念と意識していたのが何よりの証拠じゃ。まことの信念は、信念を信念と意識しないまでに、その信念が自分に溶けこんだ時に得られるものじゃ。わしは、魯を去って諸国遍歴の旅をつづけているうちに、次第にそのことがわかって来た。わしが易を学びはじめたのは五十の歳からであったが、易の心がほんとに解り出したのも、この遍歴の旅のころじゃ。天と地と人、過去と現在と未来、これらのものが渾然と一枚の布に織り出されているのが易じゃ。この易の心にふれてはじめて、信念を信念と意識する相対の境地を超克して、天理の中に自己を没入し自己の中に天理を溶かしこんだ一如の境地が得られる。この境地を摑むと、眼に映ずるもの、耳に響くものに、いささかの歪みがない。是非善悪、理否曲直、一切はありのままに自分の心にうつり、自分の心もまた、ありのままにそれに対して動くのじゃ。それを、わしは耳順うの境地と呼んでいる。即ち、成心なく、素直に、自然に、思わずして、天地人や、過去現在未来を、誤りなく捉えうる境地じゃ。わしが、そうした境地を摑み得たのは、やっと六十歳になってからのことであった。」

　門人たちにも、孔子の云っている言葉の表面だけは、どうなりわかった。しかし、それは青空の青きを見ながら、それに触れることが出来ないようなものであった。彼等のある者は、顔回が生きていた頃、ある日、しみじみと歎息して、

「先生[*4]の徳は山だ。仰げば仰ぐほど高い。先生の信念は金石だ。鑽れば鑽るほど堅い。捕捉しがたいのは先生の高遠な道だ。前にあるかと思うと、忽ち後ろにある。先生は順序次第を立てて、よくわれわれを導き、われわれの知識を博むるに古聖の教えを以てし、行動を規制するに礼を以てせられる。その指導の巧みさに魅せられて、罷めようとしても罷めることが出来ない。私は私の才能の限りをつくして努力した。そして、今ではやっと、先生の道の本体を、はっきりとこの眼で見ることが出来る。しかし、いざこれを把握しようとするとどうにもならない。」

　といった言葉を思い起していた。

「けれども――」

　と、孔子は更に語りつづけた。

「その心境は、そのままではまだ生きた道ではない。それは自分一個の心の中の生活じゃ。仙人や隠士の中にも、そうした心境を捉え得たものがないとは云えぬ。わしはそれだけでは満足が出来なかった。磨かれた鏡は、万象の真をありのままに写すが、その写されたものは、畢竟空じゃ。それと同じで、かりにわしが天地人と過去現在未来の真を歪みなく捉え得たとしても、そのままでは、それは死物と択ぶところはない。真理は行為の世界に引直されてはじめて、生命ある真理となることが出来る。わしはそう思って、それ以来更にたゆみなき努力をつづけて来た。努力をつづけているうちに、わしは人間の行為が如何にむずかしいものであるかを、今更のように発見して驚いたものじゃ。わしは四十にして惑わなくなったと云ったが、なるほど行為の大本については惑わなかった。また五十にして天命を知ると云ったが、なるほどその知り得た天命に根柢から背くような事はしなかった。しかし、耳順う境地に達するまでは、わしの行為の尺度の目盛は、どうやら精密を欠いていたようじゃ。同じく一尺（約三十センチ）の尺度たるに変りはなかったが、一寸一分の目盛の切り方には、わしの主観がまじっていた。わしの迷わざる生活目標、わしの感じ得た天命の中に、わしの私心が働いて、こまかな目盛をわしの好きなように勝手に切っていたのじゃ。ところが耳順い、一切の真をありのままに捉えて、その目盛を正して見ると、わしの行為は、容易にその目盛にきちんと合って来ないのじゃ。わしのねらっている大目標に誤りはない、また、わしの辿って行く道程も正しい。しかし、一歩々々の足の踏み方には我ままがあり、無駄がある。それを正そうとしても、自分の足がなかなか自分の意の通り動かない。これではならぬと思った。これでは親孝行をするために盗みをするのと大した変りはないと思ったのじゃ。そして努めに努めた結果、自分の欲するままに足を動かしても、正しい目盛にきっちり合うようになったのが、やっと七十歳になってからの事であった。わしが、のびのびとした心の自由さを味うことが出来るようになったのは、それ以来のことじゃ。」

孔子は語り終って眼をとじた。風の音が、樹々をつたって、しずかに遠くの谷間に消えて行く。孔子は、その風の音に聞きほれながら、自分の永かった苦闘のあとを顧みた。神秘を求めず、奇蹟を願わず、常の道を、自己の力によって、一歩々々と深めて行き、その深められた極所に於て、一切を握りしめている一個の人間を、彼は彼自身に於て見出した。彼は、自分の達し得た境地は、もし誠を積むの努力さえ払われるならば、何人もが達しうる境地であることを思った。彼はそう思うことによって無限の悦びを感じた。

(自分の歩いて来た道は、万人の道だ。自分は今、何人が自分の言葉に従って自分のあとを歩もうとも、いささかの不安も感じない。なぜなら、自分の言葉には、ただの一つも空想がなかったからだ。自分は自分の言葉を、残らず実践によって証明して来たのだ。否(いな)、実践の後にこそ自分の言葉が生れて来たのだ。)彼は立上って空を仰いだ。空はやはりはてもなく蒼かった。そして泰山(たいざん)の土が、がっちりと彼の脚を支えていた。

門人たちは、めいめいの心境に応じて、孔子の言葉を胸の中でくり返しながら、孔子の姿を仰いだ。誰も一語を発する者がなかった。

孔子は空を見ていた眼を彼等の方に転じた。彼はその瞬間、ふと彼等との、永遠の離別を思った。そして、彼等のうち真に自分の言葉を理解してくれるものが、一人でもあるだろうかと思った時に、彼はわれ知らず深い孤独感に襲われた。彼はつぶやくように云った。

「[*5]わしは、しかし、誰にもわかってもらえないのじゃ。」

子貢は、その言葉をきくと、少し興奮して立上った。そして、孔子に近づきながら、詰問するように云った。

「先生はどうしてそんな事を仰しゃるのです。先生の大徳が誰にもわからないなんて、そんな事があり得ましょうか。」

孔子は、しかし、それには答えないで、やはり独言のように云った。

「わしは天を怨もうとも、人を尤めようとも思わぬ。わしはただ自分の信ずるところに従って、丁度この泰山の麓から、頂上に上るように、低いところから、一歩々々と高いところに上って来たのじゃ。わしの心は天のみが知っている。」

子貢は、いかにも残念そうな顔をして、もう一度何とか云おうとした。孔子は、しかし、きっと彼の眼を見据えながら、

「子貢、いいか、わしの道はただそれだけじゃ。」

子貢は、はっとして口をつぐんだ。間もなく彼等は泰山を下った。

伝説によると、彼は家に帰ってから、彼が成しとげた古典編纂の事業を記念するために、ひそやかな祭典を行い、同時に弟子たちを集めておごそかに永遠の訣別を告げ、

「師としての自分の任務はこれで終った。これからはもう師でなくて友人だ。」と声明したそうである。

孔子がその一生の幕を閉じたのは、七十四歳の春であった。死の七日前、彼は子貢に対して涙を流しながら、次のような歌を歌って聞かしたと伝えられている。

「泰山それ壊れんか
梁木それ摧けんか
哲人それ萎びんか。」

＊1　大宰子貢に問いて曰く、夫子は聖者か、何ぞ其れ多能なるやと。子貢曰く、固より天之を縦して将ど聖、又多能なりと。子之を聞きて曰く、大宰我を知れるか。吾少くして賤し。故に鄙事に多能なり。君子多ならんや。多ならざるなりと。牢曰く、子云う、吾試いられず、故に芸ありと。（子罕篇）

＊2　子曰く、述べて作らず。信じて古を好む。窃に我が老彭に比すと。（述而篇）

＊3　斉の景公政を孔子に問う。孔子対えて曰く、君君たり、臣臣たり、父父たり、子子たりと。公曰く、善い哉、信に如し君君たらず、臣臣たらず、父父たらず、子

子たらずんば、粟ありと雖も吾得て諸を食まんやと。（顔淵篇）

＊4　顔淵喟然として歎じて曰く、之を仰げば弥々高く、之を鑽れば弥々堅し。之を瞻れば前に在り、忽焉として後えに在り。夫子循循然として善く人を誘く。我を博むるに文を以てし、我を約するに礼を以てす。罷めんと欲するも能わず、既に吾が才を竭す。立つ所ありて卓爾たるが如し。之に従わんと欲すと雖も、由なきのみと。（子罕篇）

＊5　子曰く、我を知ること莫きかなと。子貢曰く、何為れぞ其れ子を知ること莫からんと。子曰く、天を怨みず、人を尤めず。下学して上達す。我を知る者は其れ天かと。（憲問篇）

孔子の生活原理（『人生随想』より）

古来、聖者の名をもって呼ばれた人々の中で、孔子ほど常識的、現世的な人はありますまい。孔子の一生には、ほとんど神秘的、奇蹟的な匂いがなく、また従って、その向上の道程においても、天啓とか霊感とかによる、飛躍的な前進の瞬間がなかったようであります。つまり孔子は、地上をこつこつと歩み、日常生活を丹念にみがきあげつつ、あくまでも現実に即して、現世的な理想を構築し、その理想が現実的に可能なことを、自らの実践によって証明しようとした人なのであります。

では、孔子の生涯を通じて、その生活を貫く原理はいったい何だったでしょうか。論語の中には孔子自身がそのことについて語った場合が、二箇所ほど出ています。第八十一章と第三百八十一章とがそれであります。先ず第三百八十一章の方から申しましょう。

ある日孔子がその門人の子貢（しこう）に対していいました。

「お前は、私がいろいろの学問をして沢山の知識をたくわえ、それを規準にしてこの世に処していると思うのか。」

「そうだと思います。ちがいましょうか。」

「ちがう。私はただ一つの原理で私の行動を貫いているのだ。」

孔子は、しかし、その一つの原理が何であるかは、少しも説明していません。ですから、この章を見ただけでは、ただ貫くものがあるというだけで、それ以上のことはわかりません。


　では第八十一章の方はどうかと云いますと、これは次のようになっています。


　ある日孔子が門人の曾参（曾子）に対していいました。

「参よ、私の道はただ一つのことで貫かれているのだ。」

　すると曾参が答えました。

「わかりました。」

　問答はそれっきりで、孔子は間もなく室を出て行きました。はたでそれをきいていた他の門人たちには、何のことやらさっぱりわかりません。そこで曾参に向ってみんながたずねました。

「今、先生が仰しゃったのは、いったい何のことです。」

曾参はこたえました。

「先生の道は忠恕の一語につきるのです。」

これで見ますと、孔子の道を貫くものは「忠恕」ということになりますが、では、その「忠恕」とは何か。古来の学者の説明によりますと、「忠」は「まごころをつくす」ことであり、「恕」は「自分の気持を他におし及ぼす」こと、いいかえると「同情」であります。つまり、「まごころから他人に同情する」ということが、孔子の一生を支配した生活原理であったわけであります。

ところで、「忠恕」というのは、門人曾子の説明であって、孔子自身の説明ではありません。孔子自身の言葉によると、その不変至高の生活原理は「仁」の一字にあったようであります。論語第七十一章において、彼はいっています。

「君子は食事の間にも仁にたがわない。どんなにあわただしい瞬間であろうと、たとえば、けつまずいてひっくりかえるような瞬間であろうと、仁にしがみついていて、はなれない。」

では、曾子が「忠恕」といったのは誤りであるかというと、決してそうではありません。このことについて孟子は次のように云っています。

「恕の心をもって、つとめて自分の行動を規制する。これが仁にいたる近道だ。」

つまり恕の精神による実行の集積が仁だというのでありまして、その本質においては同じものであり、詮じつめると自分の心を他におし及ぼすことなのであります。

申すまでもなく孔子の「仁」の理想は極めて広大でありまして、究極のねらいは政治を完全に道義化することによって「天下を平らかにする」ことでありました。しかしその第一歩は、「仁」という字が示しています通り、「二人」の人間が一つに溶けあうことであり、そしてそれがすべての場合を貫く原理となっていたのであります。論語の全篇はすべてそのことを証明する言葉でありますが、その中から一二の興味ある事実をひろって見ましょう。

ある日、盲目の楽師の冕という人が孔子をたずねて来ました。孔子はその時、門人たちに教えを垂れていましたが、盲人を見るとすぐ立って行って、

「そこは階段ですよ。」

と手をとって室に案内しました。それから座席の近くまで来ると、

「どうぞここにおかけ下さい。」

と、ていねいに席につかせました。そして盲人が席につくと、一々門人たちの坐っている場所を教えてやりました。

当時は、社会的地位によって一定の礼法があり、孔子はその礼法については極めて厳しい人でありました。然るにその孔子が、身分のいやしい一音楽師を、あまりにもていねいに待遇しているので、それを見た門人たちはふしぎに思いました。そこで、冕が帰ると、門人の子張がさっそくたずねました。

「音楽師に対しては、あんな風になさるのが道でございましょうか。」

すると孔子はこたえました。

「そうだ。盲人だからね。盲人にはああしてやるのが親切だよ。」（論語第四百二十章）

孔子にとっては、礼儀作法は決して形式ではなく、仁の表現であり、人と人との心が一つに溶けあう道だったのであります。

つぎは孔子の病気が重かった時のことでありますが、門人の子路が、病気平癒のお禱りをしたいと申し出ました。すると孔子はたずねました。

「いったいお禱りなどということをしてもいいものかね。」

「いいと思います。昔の誄（死者を弔う詞）にも『汝を上下の神祇に禱る』という言葉があるくらいですから。」

孔子は、しかし、禱ることを許しませんでした。彼はいいました。

「今更お禱りなどする必要はない。私はこれまで久しい間、たえまなく禱りつづけて来たのだから。」

これは論語の第百八十一章に記されていることですが、ここに孔子のいう「禱り」は、子路のいう「禱り」とは全くちがって、「仁」或は「恕」の実践を意味するのであります。孔子にも「天」の思想と信仰とがあり、その点で宗教的でもありましたが、しかしその「天」はキリストの神や釈迦の仏のような絶対の救済力ではなく、いわば自然界、人間界を支配する道理でありまして、その道理にかなうことが、天の心にかなうゆえんでありました。そして、その道理にかなうために、現実日常の生活において、終始一貫、他人の立場に立ち他人の心を思いやることにつとめたのが、要するに孔子の一生だったのであります。

解説　生き生きと甦る論語

齋藤孝

『論語』は約2500年前に中国の孔子一門によって書かれました。江戸時代には学問として日本人も学んだ古典中の古典です。大変優れた内容ですが、断片的な言葉と行動の記録で成立しているため、どう解釈し再構成するかは読者に委ねられています。現代の読者にとっては、孔子や弟子たちとのやりとりをリアルに想像するのはなかなか難しいでしょう。その困難な部分を誰にでもわかるようにしたのが『論語物語』という名著です。

この作品は、第二次世界大戦がはじまる一年前の1938年に講談社の月刊誌「現代」に連載され同年に書籍化されました。読みやすいのに品がある言葉で書かれ、刊行から80年以上経つ今でも広く読み継がれており、必ずどの時代でも読者から支持され続けてきました。

30年ほど前に世田谷市民大学で講師を務めたとき、教材として『論語物語』を使用しました。その際に受講していた60代の方々から「この本に出会えてよかった」と熱心に御礼を言われました。それまでも多数の本を紹介してきましたが、ここまで熱烈に感謝された経験は初めてで、改めてこの作品の素晴らしさについて、確信を得る良い機会となりました。

また私は現在、明治大学の教職課程を担当していますが、『論語物語』と『論語』の現代語訳を課題図書に指定しています。この2冊をセットで読むのは、バラバラのビーズに糸を通してネックレスにするようなものです。『論語物語』を先に読んで孔子の気持ちを理解してから『論語』を読むと、断片的な言葉がつながり、理解しやすくなるのです。教師を目指す学生たちの心の中には、教育者としての孔子像が焼き付いているでしょう。

著者である下村湖人先生は元々大変優れた教育者であり、小説『次郎物語』の著者としても有名です。1941年に刊行された『次郎物語』は、成長譚として当時の少年少女の人生に大きな影響を与えました。そういった意味では、実際に日本を教育したと言っても過言ではないかもしれません。また中学や高校の校長を長く務めるなど学校教育にも深く関わりながら、教育書を何冊も記し、教育者として飽くことのない情熱を抱えながら生涯を過ごしました。

『論語物語』はいわば、下村先生の「日本の教育を良くしたい情熱」と、孔子の「弟子に対する情熱」が共振して生まれた、溶鉱炉で鍛え上げられた鉄のような作品なのです。

『論語』自体は投げ出すように終わる章も多いですが、『論語物語』は複数の引用からひとつの物語を構成することによって、普段なら読み飛ばしてしまいそうな言葉の裏にある意味も教えてくれます。

私と論語の出会いは高校時代でしたが、その際にはあまり気にかけていなかった「今女(なんじ)は画(かぎ)れり」という言葉があります。下村先生は、「自らを限る者」においてこの言葉を次のように描きます。

「お前は、自分で自分の欠点を並べたてて、自分の気休めにするつもりなのか。そんな事をする隙(ひま)があったら、なぜもっと苦しんで見ないのじゃ。お前は、本来自分にその力がないということを、弁解(いいわけ)がましく云っているが、ほんとうに力があるか無いかは努力して見た上でなければわかるものではない。力のない者は中途で斃れる。斃れてはじめて力の足りなかったことが証明されるのじゃ。斃れもしないうちから、自分の力の足りないことを予定するのは、天に対する冒瀆じゃ。何が悪だといっても、まだ試しても見ない自分の力を否定するほどの悪はない。それは生命そのものの否定を意味するからじゃ」

今、部活動や受験勉強に勤しむ若い方々は、この言葉にハッとするのではないでしょうか。なぜもっと練習をしなかったのか、なぜ諦めてしまったのか。そんな自分の姿を重ねてしまう人も多いはずです。私も下村先生によってこの言葉に出会い直しました。今は若い人たちがくじけそうになったら「今女は画れり」と声に出すよう伝えています。

『論語』の内容を頭で理解することも大切ですが、自身の内側から孔子の声が聞こえるようになれば、いつでも自分の力となってくれます。物語にすることによって、短い言葉からドラマが生まれ、読者の心の中に孔子が棲みつく、このことが『論語』を学ぶ上で最も重要なのです。

『聖書』はキリストの言葉が弟子たちによりエピソードとして残されています。いわば最初から『聖書物語』だったと言えるでしょう。そのような形式なので、バッハも「マタイ受難曲」という感動的な曲をつくることができたのです。同じような意味で『論語物語』は、下村先生が孔子の言葉を『聖書』のようにした作品と言えるかもしれません。

私はこの作品が世界中で翻訳されることを望んでいます。そうなれば『論語』だけでは伝わり切らなかった孔子像が伝わり、これまで以上に世界的な理解が深まるはずだからです。

言葉はどの場面で使われたかによって輝き方が変わります。この作品を読めば、孔子と弟子たちの関わりが、まるで映画を見るかのように目の前の出来事として感じられるでしょう。下村先生は失われた前後のシーンを物語に合わせて補い、生き生きとした言葉の輝きを甦らせてくれたのです。

「伯牛疾あり」で、伝染病がうつる可能性も厭わず孔子が弟子の手を握るシーンや、「子路の舌」で、「道理を巧みに述べ立てる舌を持っている人を、心から悪むのじゃ！」と怒るシーンなどは特に読んでほしいと思います。ちなみに子路については中島敦の『弟子』を合わせて読むとさらに理解が深まると思います。

　私は以前『現代語訳　論語』（ちくま新書）、『論語』（ちくま文庫）を刊行しました。現代語訳する際、心の中には常に『論語物語』がありました。とにかく孔子と弟子たちとのやりとりが、常に生き生きとしたシーンになるよう心がけたのです。『論語物語』の特徴として、読後感が大変良いところもあげられるでしょう。「自らを限る者」という章で、叱られたはずの冉求(ぜんきゅう)は「このごろにない朗(ほが)らかな顔」で部屋を出て行きます。ここは原文にない場面ですが、下村先生が書き足すことにより、なぜ叱ったかについて孔子の真意が伝わるようになっているのです。このようなフォローがあるからこそ、期待するが故に時に厳しい孔子の優しさが身に染みてわかるでしょう。人は自分の子には厳しくできても、他人の子にはさほど厳しくできないものです。しかし孔子にとって弟子は同志でした。だからこそ怒る場面にも優しさがあったはずなのです。

　ニーチェの『ツァラトゥストラはこう言った』で、私は知恵を集め過ぎたから受け取ってくれる手が必要だと主人公が語る場面があります。『論語』は孔子の溢れんばかりの言葉を弟子たちの手で受け止めたからこそ後世にまで伝わりました。

『論語』には有名な名言が多数登場します。名言はそれ自体に力がありますが、その背景を知るとより一層言葉が輝き始めます。名画が絵単体で置かれるよりも、額縁に飾ることによってその輝きを増すのと同じです。

本書は弟子たちと下村先生によって、孔子の思想がより魅力的にわかりやすく整理されています。最終話「泰山に立ちて」で感動的なクライマックスにより幕を閉じるこの作品は、既にシナリオ状態になっているようなものですから、ぜひこのまま映像化してほしいほどです。

この度、このような名著が読みやすい形となってよみがえり、より多くの読者と新たに出会う機会が得られたことを心より喜びたいと思います。ぜひ日本国中の全ての人にこの作品を読んで頂きたいです。

（教育学者・明治大学教授）

＊本書は『下村湖人全集　第五巻』（一九六五年、池田書店刊）所収の『論語物語』を底本とした上で、新仮名遣いに改め、振り仮名について新たに追加を行いました。

また今回の文庫化に際し、『下村湖人全集　第六巻』（一九六五年、池田書店刊）所収の『人生随想』の一篇である「孔子の生活原理」と、齋藤孝氏の解説を新たに収録しました。

なお本文中、今日の観点から見て差別的と受け取られかねない表現がありますが、作品発表時の時代的背景を考慮し、原文通りといたしました。

論語物語（ろんごものがたり）

二〇二〇年一一月一〇日　初版印刷
二〇二〇年一一月二〇日　初版発行

著　者　下村湖人（しもむらこじん）
発行者　小野寺優
発行所　株式会社河出書房新社
〒一五一−〇〇五一
東京都渋谷区千駄ヶ谷二−三二−二
電話〇三−三四〇四−八六一一（編集）
〇三−三四〇四−一二〇一（営業）
http://www.kawade.co.jp/

ロゴ・表紙デザイン　粟津潔
本文フォーマット　佐々木暁
印刷・製本　中央精版印刷株式会社

Printed in Japan　ISBN978-4-309-41776-9

ヘタな人生論より中国の故事寓話

鈴木亨　40947-4

古代中国の春秋戦国時代に登場した孔子、孟子、老子といった諸子百家たちは、自らの思想をやさしく説くために多くの故事を用いた。それらの短い物語から、迷い悩み多き現代を生きぬくヒントを学ぶ一冊！

ヘタな人生論より空海のことば

池口恵観　41101-9

矛盾や不条理だらけの社会のなかで地に足をつけ、心穏やかに、そして強く生きるためにはどうすればいいのか……。そのヒントを、日本真言宗の開祖であり、実践を重んじてきた空海のことばより紐解きます。

ヘタな人生論より葉隠

本田有明　40939-9

武士道といふは死ぬ事と見付けたり――この精神が平和な江戸中期には危険思想とみなされた『葉隠』。だがそれは同書の一断面にすぎない。そこには人生や仕事など様々な局面で道しるべとなる教えがあった！

ヘタな人生論より万葉集

吉村誠　41133-0

宮仕えのつらさ、酒飲みへの共感、老年期の恋への戸惑い、伴侶を失った悲哀……。今と変わらぬ心の有り様が素直に詠みこまれた『万葉集』から、生きるヒントを読みとる。

ヘタな人生論より枕草子

荻野文子　41159-0

『枕草子』＝「インテリ女性のお気楽エッセイ」だが、陰謀渦巻く宮廷で、主を守り自分の節を曲げずに生きぬくことは簡単ではなかった。厳しい現実の中、清少納言が残した「美意識」に生き方の極意を学ぶ。

ヘタな人生論より徒然草

荻野文子　40821-7

世間の様相や日々の暮らし、人間関係などを“融通無碍な身の軽さ”をもって痛快に描写する『徒然草』。その魅力をあますことなく解説して、複雑な社会を心おだやかに自分らしく生きるヒントにする人生論。

著訳者名の後の数字はISBNコードです。頭に「978-4-309」を付け、お近くの書店にてご注文下さい。